SOPHIE ASTRABIE
ILLUSTRÉ PAR MAGALIE FOUTRIER

JOURNAL DE BORD D'UN JOYEUX BORDEL !

LA VIE DE PARENTS ILLUSTRÉE

Éditions
EYROLLES

Pour Romie, Brune et Suzanne.

un Joyeux
WORK
THE legging
Freedom
DRING
DRING
miam
Moi
ROMIE
mimi
HAPPY
BiRTHDAY

Bordel
BRUNE
SURICATE
vacances!
Ceci est une plante
OUPS!
TATTOO
PAPA
ABRACADABRA
l'Aventure

MOI C'EST SOPHIE...

Je m'appelle Sophie et j'ai 34 ans.

34 ans, cela veut dire que ça fait cinq ans que j'ai dépassé l'âge qu'avait ma mère quand je l'ai rencontrée, et c'est sans doute ça, vieillir. Être un jour plus vieux que le parent qui nous a vu naître.

Un trait de crayon sur une feuille de papier calque.

Avant ma naissance, ma mère n'existait pas. Elle n'est que depuis que je suis et tout ce qui a eu lieu avant est un concept abstrait, une sorte de photographie à laquelle on ne croit pas vraiment.

Une légende.

Sauf qu'aujourd'hui, à travers quelques images rapides, je me souviens. Je me souviens de ses genoux à la fin des repas, de ma joue contre sa poitrine et de la couverture qu'elle déposait sur mon menton. Je me souviens de ses longs ongles arrondis, de sa nudité à moitié dissimulée et de sa féminité qui me semblait si explosive.

Aujourd'hui, je suis parfois plus vieille que la mère que j'ai connue. Et c'est un attendrissement particulier que de penser à sa mère, plus jeune que soi. De se dire que cette forteresse a eu nos propres failles et que l'on est, à son tour, si fragile face à l'enfant qui nous croit si fort.

Aujourd'hui, je pense à ça. Je pense à mes souvenirs qui ne collent sûrement pas aux siens et à ma vie au présent qui ne ressemblera pas aux souvenirs de mes enfants.

Alors j'écris. J'écris pour laisser une trace, j'écris pour ne jamais oublier. J'écris pour ancrer ce moment particulier qui est souvent celui où l'on devient parent et qui nous fait comprendre qu'il y a dans notre mère le miroir de nos vies futures et antérieures.

2015-2018

13/07/2015

LE DÉBUT DES CHOSES

Le 13 juillet 2015 était un lundi. J'étais de permanence dans un bureau vide. Tout le monde faisait le pont. Sauf moi. Moi, je ne faisais ni le pont, ni grand-chose à part quelques mouvements de souris de temps en temps, pour garder mon écran allumé.

J'étais sur ma chaise, c'est ce dont je me souviens, d'être sur ma chaise et de me demander ce que je fichais là, dans ce bureau vide mais aussi dans cette vie, mal remplie.

À un moment, j'ai pris mon téléphone et j'ai envoyé un message à ce garçon que je n'avais pas vu depuis deux ans mais que j'avais aimé pendant cinq, et à qui je pensais tous les jours depuis sept. Il était 15 heures. 15 heures, c'est l'heure des gens qui hésitent mais pas trop non plus.

Une fois le message envoyé, j'ai posé mon téléphone écran retourné sur le bureau et j'ai fait semblant de travailler. J'avais le cœur qui battait un peu, et les doigts qui tremblaient beaucoup.

Lui écrire, ça faisait des mois que je m'empêchais de le faire. Des mois aussi que je réfléchissais à la chose la plus intelligente à lui dire, pour finir par lui envoyer cette question sur un coup de tête:

«Tu es vraiment sûr de ne pas vouloir m'épouser?»

Apparemment, il ne l'était pas.

Ce jour-là, tout a (re)commencé.

09/06/2016

LA DÉCISION

La décision de faire un enfant vient souvent d'un concours de circonstances. Me concernant, il en a suffi d'une: l'entreprise dans laquelle je travaillais avait décidé de se séparer de moi mais ne voulait pas le dire parce que c'est celui qui le dit qui l'est. À moins que ce ne soit parce que ça coûte plus cher de virer les gens que de les laisser partir d'eux-mêmes? Peut-être.

Une entreprise qui fait tout pour qu'on la quitte, ce sont des reproches, des projets dont on est brusquement exclu, des petites humiliations anodines mais qui pèsent. Qui pèsent.

Pendant des semaines, mon corps se déplaçait vers mon lieu de travail, mais il venait tout seul. Sans cœur, sans esprit, sans entrailles. Un corps vidé, forcément, ça se disloque et très vite, plein de choses ne fonctionnent plus.

Un jour j'ai regardé le calendrier et je me suis dit: «Tiens, j'ai loupé un rendez-vous ce mois-ci.» Pourtant, je suis une personne très ponctuelle, même pour les rendez-vous qui donnent mal au ventre. Alors j'ai fait la liste des possibles, mais sur ma liste, il n'y avait qu'une ligne: j'étais forcément enceinte.

Sur le chemin de la pharmacie j'ai envoyé un SMS.

On fait quoi si… ?

Faisons d'abord un test. On verra ensuite si on refait le monde.

Négatif.

On aurait fait quoi si… ?

On l'aurait gardé, non ?

Oui.

…

…

Ça te dirait de refaire le monde avec moi ?

11/08/2016

LE MONDE

Alors cet été-là, on a fait un monde. D'abord un monde tout petit. Et puis de plus en plus rond.

18/04/2017

LA NAISSANCE

On a fait le choix de ne pas demander le sexe du bébé. Déjà, parce qu'on trouvait l'idée de cette surprise absolument géniale. Mais surtout, on n'avait pas d'attente: on espérait juste que ce soit un enfant.

Mais ne pas savoir c'est toujours difficile. On est obligé de s'imaginer quelque chose. Alors moi, j'ai imaginé un petit garçon. J'étais sûre que c'était un petit garçon et pendant neuf mois, j'ai imaginé ce fils grandir au creux de mon ventre. Lorsqu'on m'interrogeait, je répondais qu'on ne savait pas, mais que bon, c'était un garçon.

Et après tout, j'avais quand même 50% de chance d'avoir raison.

À sa naissance, quand on m'a posé ce bébé sur le ventre, j'ai été extrêmement surprise par son long zizi. Ce long zizi qui, dans le jargon médical, porte le nom de «cordon ombilical». Évidemment j'ai aussi été horrifiée quand il a été question de le couper mais assez vite, quelqu'un m'a dit: «Madame, c'est une fille.»

Une fille?

Une fille.

Et c'était parti pour une longue série de convictions ébranlées.

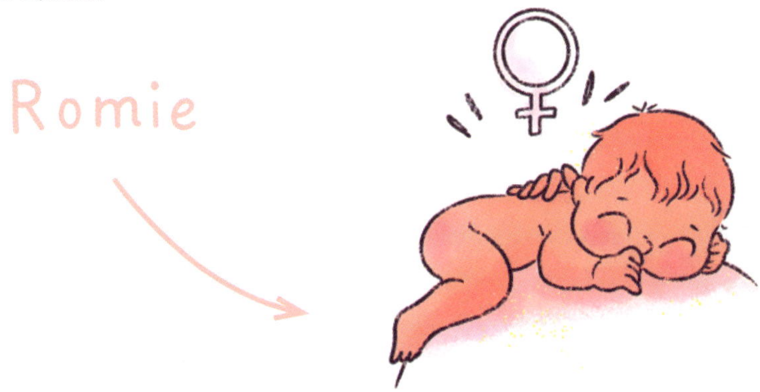

13/05/2018

TOUT EST DEVENU F(L)OU

La première année, le temps s'est arrêté. On me répétait: «Tu verras, ça passe trop vite» et j'ai trouvé que non, ça ne passait pas trop vite du tout. Au contraire, le temps passait lentement, si lentement même qu'à ce rythme, il allait se mettre à reculer et j'allais me retrouver quelque part à garder des cochons au Moyen Âge.

J'avais l'impression de ne rien comprendre, de recevoir des conseils de tout le monde à chaque seconde de ma vie et puis surtout de ne faire que ça: m'occuper d'un enfant.

J'avais l'impression que j'allais mourir alors j'allais souvent vérifier chez le docteur si ce n'était pas le cas. Mais non. Je ne mourais pas.

Je ne le savais pas encore et je n'arriverai jamais à l'affirmer à voix haute, mais de toute évidence, je faisais une dépression post-partum.

Le jour de la fête des mères, j'ai eu comme un déclic. J'ai pris un carnet et mon stylo et j'ai commencé à écrire.

Ma petite fille,

Aujourd'hui c'est la fête des mères, alors bien sûr, j'ai pensé à toi.

Avant toi, j'avais une mère. Depuis toi, j'en suis une. Et peut-être qu'un jour, tu voudras toi aussi le devenir? Peut-être.

Dans le monde dans lequel je suis née, être mère était une destination. Quand j'essaie de réfléchir à mon désir de maternité, je ne parviens pas à savoir si c'est une envie ou bien une sorte de suite logique que l'on ne questionne pas.

Je ne savais même pas qu'un autre chemin était possible. D'ailleurs l'était-il? Je vois bien aujourd'hui à quel point certaines femmes le construisent, cet autre chemin. Et à quel point ne pas vouloir être mère est perçu comme de l'égoïsme, tout comme ne vouloir l'être qu'une seule fois. Car oui, c'est subtil, l'égoïsme. C'est genré, aussi. Les femmes auront toujours l'incompréhension quand les hommes récolteront, au pire, l'indifférence.

Un jour tu seras peut-être mère. Parce que tu l'auras choisi et que ce sera le bon moment. Cela ne t'empêchera pas de trouver cette tâche difficile. Tu sais, un jour quand j'étais enfant, ma mère m'a montré son CV. Dessus il était écrit son prénom, son nom, son statut marital et puis en dessous cette ligne: «2 enfants». Je me suis souvent demandé pourquoi elle l'avait mentionné sur cette feuille de papier qui parlait pourtant de ses compétences professionnelles. Et puis j'ai compris. On ne devient pas seulement mère pour la vie. On le devient partout, tout le temps.

Dans chaque sphère de ma vie, je suis mère. Quand je suis en déplacement professionnel, on me demande qui s'occupe de toi. Quand ton père et moi te déposons chez tes grands-parents, on me demande à moi si j'ai pensé à mettre ton maillot de bain dans la valise pour aller à la piscine. Quand je pars en week-end avec des copines, on me demande si ton papa va y arriver.

La vague d'amour qui est venue avec ta naissance a été accompagnée d'une seconde vague qui m'a fait un peu boire la tasse. La fin de l'apparente égalité entre les hommes et les femmes. La fin de mon identité propre: Sophie n'existait plus, désormais, aux yeux de tous, je serais mère. J'ai cru, j'ai vraiment cru que j'allais disparaître.

Et puis un jour, j'ai compris qu'à ta naissance j'étais devenue mère mais j'étais aussi devenue femme. J'ai compris que mon identité était un combat et la fille qui existait avant, une personne à défendre. J'ai compris que les choses seraient plus difficiles mais aussi que seule la difficulté offre de belles victoires.

Ma petite fille, un jour peut-être tu seras mère. Mais la seule certitude, c'est que tu seras toujours toi. Et rien ne se défend plus fort que l'amour que l'on se porte car c'est là, seulement là que se trouve la source de celui que l'on donne.

19/06/2018

REPRENDRE SA LIBERTÉ

Il y a deux types d'interdits dans la vie. Ceux que la loi nous interdit et ceux qu'on s'interdit soi-même, souvent à cause du regard des autres.

Hier j'avais besoin de beurre et nous ne disons jamais assez que les grandes révolutions naissent la plupart du temps d'un détail. Il y avait ma fille, il y avait mon skate et je ne savais pas encore ce que j'allais faire de tout ça mais je suis quand même descendue avec les deux sous le bras.

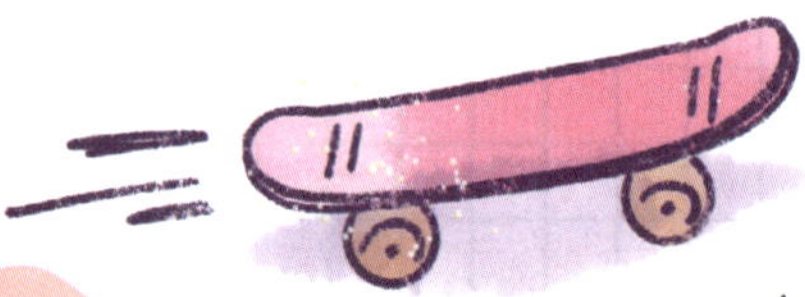

J'ai d'abord mis ma fille sur le skate mais le suspense fut de courte durée: ça n'a pas marché. J'ai remis ma fille là où elle avance encore le plus vite (sous mon bras) et j'ai mis un pied sur mon skate. Incroyable mais vrai, on roule pareil sur un skate avec ou sans enfant de 14 mois sous le bras.

J'ai tout de suite pensé à ma mère et je me suis dit qu'elle détesterait ce que j'étais en train de faire. J'ai regardé les passants en guettant les regards accusateurs, je me suis demandé si l'un d'eux allait me faire une remarque ou bien s'ils pouvaient prévenir les services sociaux.

Je me suis mise à loucher en me disant que ce serait plus compliqué pour le portrait-robot… quand j'ai croisé un premier sourire. C'était celui de ma fille. Et puis un second, celui d'une dame qui se disait peut-être qu'elle irait bien chercher son beurre en poney, elle, si seulement.

Alors j'ai continué à rouler sur mon skate en pensant de moins en moins à ceux qui devaient trouver ça complètement inconscient et de plus en plus à moi. Et je me suis sentie bien.

Le skate c'est mon territoire et une partie de mon identité et j'ai enfin compris que je n'avais pas besoin de me justifier. De rien. Parce que j'étais libre, même de mes interdits et que la seule chose à regarder, c'était mon bonheur.

15/09/2018

ÉCRIRE UNE LETTRE

Quand elle est née, j'ai demandé aux personnes qui l'entourent de lui écrire une lettre. Je voulais que plus tard, elle puisse revivre à travers les mots des autres cette petite vie dont elle n'aura aucun souvenir.

Je voulais qu'elle sache à quel point sa naissance avait été une révolution des sentiments. Un chamboulement de l'ordre des choses. Le big-bang extraordinaire d'une famille ordinaire.

Je voulais que l'on note ce qu'elle était déjà à quelques mois, qu'on lui raconte sa manière d'être au monde, ce monde si différent de celui qu'elle parcourra à 18 ans.

Je voulais lui offrir le récit de ceux qui l'aiment pour nourrir son imagination. Elle qui fait partie de cette génération de l'image, je voulais qu'elle ait les mots, l'écriture au stylo-bille, l'amour sur une feuille A4. Qu'elle ait le temps aussi, celui que ses proches ont pris pour choisir les mots qui collent au plus près de leurs sentiments. Les mots uniques plutôt qu'une rafale de photos identiques.

Parfois, quand on passe devant un photomaton, on s'arrête. On fait quatre poses qu'on valide sans regarder, et je glisse le résultat dans une petite boîte, au milieu de toutes les lettres.

Des bouts de présent, ces précieux moments qui seront nos meilleurs souvenirs.

20/09/2018

ON S'EST MARIÉS !

Je n'ai pas beaucoup de photos de ce mariage pour la simple et bonne raison que le photographe n'est presque pas venu. Disons qu'il est venu mais qu'à partir d'un certain retard, il faut sans doute prendre une décision. Était-il davantage là ou davantage pas là ?

Dans la voiture qui me conduisait à l'église, j'ai reçu l'appel dudit photographe qui m'annonçait qu'il n'avait pas compris que c'était aussi loin. Ah.

Ce monsieur a fini par arriver mais je pense qu'en chemin, dans la précipitation, il a dû perdre ses moyens. Parfois je regarde les photos et je me dis: « Tiens, c'est ma mère qui l'a prise celle-là » et en fait non. C'est lui et on a l'a payé pour ça. Ma mère coupe des visages en deux, mais au moins, elle ne nous demande pas d'argent pour ses essais d'art abstrait.

Bref, on s'est mariés. À la base, le mariage n'était pas une étape prévue dans ma vie. Mais la vie est trop unique pour se priver d'une grande fête.

2019

03/02/2019

LA PISCINE EN HIVER

L'autre jour, je me suis dit: «Tiens, si on allait à la piscine?»

Et c'est étrange, non, cette idée? Comme s'il pouvait m'arriver de me dire: «Tiens, si je me cassais une jambe?» ou encore: «Tiens, si je m'infligeais les pires souffrances dans le but de satisfaire un petit être humain qui, statistiquement, a autant de chance d'être content que de réussir à donner le résultat d'une racine carrée?» Bref, on est allées à la piscine.

J'ai préparé nos affaires, j'ai descendu les marches de la station de métro avec la poussette calée sur la peau de ma hanche, j'ai parcouru les deux stations qui nous séparaient de notre destination et j'ai remonté les marches avec la poussette sur la peau-devenue-rouge de ma hanche. Et puis on a marché (quand je dis on, je veux dire moi, en fait) et on est arrivées à la piscine. Là on a acheté des bonnets de bain parce que, évidemment, c'est toujours obligatoire mais c'est jamais dans mon sac et puis on a enfilé le maillot. Et le bonnet en latex.

Le plus dur était derrière nous. Pensais-je.

Mais il a fallu passer sous la douche et bien sûr, ça a été dramatique. Qu'y a-t-il de pire que de l'eau quand on va à la piscine?

Rien évidemment.

Il a été question de fin du monde jusqu'à ce qu'on arrive au bord du bassin. Et là c'était carrément pire. C'était la fin du monde mais deux fois d'affilée.

Et c'est là que les enfants nous apprennent. Ils nous apprennent l'art de sourire tout en prenant cette voix pleine d'optimisme alors que l'on est en train de mourir à l'intérieur. J'ai souri et je l'ai fait danser dans l'eau sur les airs de cette jolie chanson composée par moi-même et que j'ai appelée :

Non
on ne rentrera pas
sans avoir passé un
quart d'heure dans
cette piscine.

Et vous voulez que je vous dise ? Au moment de partir, évidemment, on a connu la troisième fin du monde.

23/03/2019

ON EST ALLÉS VOIR LES VACHES

Quand j'étais petite, aller voir les vaches ce n'était pas hyper compliqué. Il suffisait de marcher un peu, de prendre un vélo ou de monter dans une voiture et de lever la tête.

Pour elle, je sais que ça ne sera pas tout à fait pareil. Sa vache à elle, ce sera sans doute ma tour Eiffel à moi. Alors hier on s'est dit: «Et si on allait au Salon de l'agriculture?» À la base c'était juste une proposition, mais à partir du moment où le mot «mouton» a été prononcé, aller au Salon de l'agriculture c'était le seul moyen de ne pas passer la journée à entendre le mot en boucle.

Alors on y est allés. On a pris notre fille et on l'a mise dans la voiture et puis on a roulé. Aux trois quarts du chemin, cette enfant qui n'aime pas beaucoup la voiture a vomi. Elle en avait partout mais après tout, les enfants savent-ils vomir autrement? Non.

La personne que je suis a horreur de faire demi-tour. Plus encore que l'odeur de vomi dans la voiture et les «moutoooon-moutoooon-mouton-mouton-moutoooon» prononcés en boucle. Alors j'ai dit: «OK, on va à Monoprix.» On a acheté des lingettes, des mouchoirs, une robe, on a mis le chauffage et cette enfant sauvage cul nul dans la voiture. Elle était contente, elle sautait sur les sièges mais ça n'avait pas détourné son attention pour autant: elle continuait à répéter «mouton».

On a repris la route et finalement, on a mis deux heures pour voir une vache.

La prochaine fois, je crois qu'on ira voir la tour Eiffel.

30/03/2019

AH, L'APÉRO…!

Cette petite chose d'à peu près 86 centimètres, que j'ai mesurée avec des feuilles A4, commence à parler. Elle commence aussi à voir ce qu'il y a sur les tables et à comprendre le concept d'apéro.

Et alors qu'on essaie de la nourrir bio et que l'on paie des courgettes au prix de la truffe noire du Périgord (si vous connaissez l'animal qui trouve les courgettes de *Bio c' Bon*, merci de me contacter); le vendredi soir, à cette heure d'ivresse et de joie qu'est l'apéro, on lui file un petit biscuit goût bacon.

Figurez-vous que cette enfant croit que ce gâteau d'apéro goût cochon s'appelle «dernier».

Parce qu'à chaque fois que je lui en donne un, je lui dis «c'est le dernier».

Voilà. Je crois que vous savez tout sur mes convictions.

18/04/2019

2 ANS

La première fois que son père lui a piqué son nez, elle lui a aussitôt repris.

Elle n'avait pas 2 ans.

Je ne sais pas pourquoi je raconte ça, sûrement parce que j'aime bien cette petite personne, et pas seulement parce qu'elle a mis deux jours à naître et que j'ai envie de rentabiliser mon accouchement.

Je la trouve drôle et originale. Vous voyez son père avec cette blague de nez ? Eh bien par exemple, pas comme ça.

Elle a 2 ans, mais quand elle «lit» un livre, on a l'impression qu'elle prépare un doctorat.

Elle a 2 ans, mais quand elle est fatiguée parce qu'on l'a fait veiller en recevant des amis, elle demande à aller au lit.

Elle a 2 ans, mais quand j'oublie de lui brosser les dents, elle me rappelle qu'il faut le faire.

Franchement, parfois je suis à deux doigts de faire un test de maternité. Mais j'ai la flemme et j'ai la main dans le paquet de coquillettes que je mange crues. On ne peut pas tout faire. Des enfants et vérifier qu'ils sont bien à nous.

Peut-être qu'un jour elle claquera la porte de sa chambre en hurlant que de toute façon, c'est sûr, elle a été adoptée.

Mais en attendant elle me court après comme si j'étais capable de m'échapper. Elle court, elle court avec cette maladie de l'amour, celle du cœur des enfants, qui n'est presque plein que d'une maman.

16/05/2019

LA ROUTINE

Parfois c'est la routine, celle que l'on espère ne jamais fréquenter.

Avant j'imaginais ne jamais dormir d'un seul côté du lit. Et puis il y a les tables de chevet sur lesquelles on pose nos habitudes passagères. Un livre, une crème, un magazine. Les tables de chevet sont un fléau, la métaphore de la vie d'adulte peut-être. Les bas-fonds du couple sans doute.

Parfois, je regarde ma fille et j'ai peur. J'ai peur de cette dépendance au quotidien à laquelle les enfants nous obligent.

— Préparer le repas.

— Veiller à ce que celui-ci ne finisse pas sur le parquet.

— Accompagner aux toilettes.

— Donner un bain les jours d'ambition.

— Brosser les dents.

— Mettre un pyjama.

— Lire une histoire.

— Tous les soirs.

Tous les soirs ce rituel. Tous les jours cette routine.

Alors parfois, je m'imagine fuir de l'autre côté de la planète. Être libre et irresponsable. Égoïste et non coupable. Mais je ne pars jamais. Je reste.

L'amour maternel, c'est une prison sans verrou.

POURQUOI PAS DEUX?

Je me suis toujours demandé qui étaient ces gens qui avaient un enfant né le 25 décembre. Le 25 décembre, franchement. Une drôle d'idée tout de même, non? À quoi peuvent-ils bien penser, ces irresponsables?

Quelque chose comme: «On n'aura pas à ressortir le scotch une deuxième fois»?

«Les bougies, ça tient mieux sur une bûche»?

Ou «Jésus n'aura pas le monopole de la nativité»?

J'ai toujours cru être cette fille futée comme un poulpe qui ferait un enfant le 25 juin et qui prononcerait le mot «équidistant» avec l'aisance d'un prof de maths de 5e.

Alors qu'en fait, pas du tout.

De manière générale, dans la vie, à chaque fois que je me suis dit: «Mais non, jamais!» la vie, elle, a dit: «Eh si!» Eh si.

Ce second enfant est donc bien prévu quelque part entre les huîtres et le foie gras, avec l'ambition féroce de prendre sa place au milieu de l'âne et du bœuf.

Mais finalement, est-ce que c'est pas son rôle à la vie, de nous remettre un peu à notre place, celle que l'on n'aurait jamais imaginée prendre? Si, bien sûr.

03/08/2019

LE TEMPS QUI PASSE EN COURANT

«Pour les 50 ans de mon père, on va lui offrir un vieux fourgon. Par exemple, je pensais à un Citroën type H.»

Cette phrase, il l'a prononcée il y a plus de dix ans, alors que des ans, on n'en avait pas vraiment passés ensemble.

Il était en France, moi en Angleterre et on se rejoignait au rythme des découverts autorisés. Une autre forme d'autorité parentale en quelque sorte.

«J'en ai trouvé un dans l'Aveyron. On a deux heures de route», avait-il ajouté.

«Formidable, c'est exactement ce que j'imaginais pour ce week-end à deux», n'avais-je pas rétorqué car l'amour rend muet, c'est bien connu.

Je ne me doutais pas encore que le retour prendrait le double de l'aller, que le pot d'échappement avait de toute évidence une sortie au niveau de l'allume-cigare et qu'il faudrait se pencher vers l'avant pour monter les côtes.

Le projet me semblait ambitieux certes (dans ma famille, on offre plutôt des BD aux anniversaires), mais pourquoi pas. Pourquoi pas acheter une camionnette en Aveyron, après tout.

Une fois arrivés à la ferme, on a scellé la transaction d'un verre d'alcool et puis on a repris la route. Ou bien la route nous a pris, je ne sais plus. Car la carlingue résonnait, les pneus tressautaient et mon cœur s'accrochait. Mon cœur s'accrochait à ce garçon qui change la vie en aventure et qui, dix ans plus tard, me ferait quitter le parvis d'une église au volant de cette même camionnette, où, à présent, se trouve une enfant qui joue les mains posées sur le volant. Une enfant qui sera bientôt elle aussi un souvenir auquel on pensera en se disant que, décidément, la vie est une aventure.

05/09/2019

LES VACANCES EN VAN

On a récupéré le van de nos vacances !

L'excitation de cette enfant quand on lui a expliqué que son lit, c'était ce bout de matelas carré dans le coffre... Nous, notre lit, c'était la planche en bois sous une toile en tissu posée sur le toit. Une joie plus réservée on va dire.

On a roulé deux fois plus longtemps que ce qu'avait annoncé le GPS et on a trouvé un camping qui s'appelait camping parce qu'il y avait trois douches et deux toilettes. Peut-être a-t-il eu une étoile un jour... et puis elle a filé.

On s'est mis à l'emplacement qu'on voulait vu qu'il n'y en avait pas et j'ai pensé que de toutes les choses qui existent, je préfère celles qui n'existent pas. Plus précisément, celles juste devant la mer.

Avant de partir, on avait acheté des méduses (des méduses, franchement, si ça c'est pas de l'organisation !) sauf que les pieds des enfants grandissent. Eh oui. On oublie trop souvent ce détail.

Alors comme on n'avait pas pris d'autres chaussures ouvertes et qu'il a fait 29 degrés toute la semaine, on s'est dit qu'on ne pouvait pas faire comme si on n'avait pas remarqué. Et je crois que c'est ça l'amour. Ne pas faire comme si.

J'ai regardé cet orteil qui butait sur ce plastique transparent et j'ai dit : « On coupe » avec un aplomb que je n'ai jamais eu chez un coiffeur. Et il a coupé. (Le plastique. Pas l'orteil.)

Pourquoi un seul pied ? Mais parce qu'il a fallu une négociation de trois jours pour obtenir l'autorisation de couper l'autre, tout simplement. L'enfant sera dictateur. Mais un dictateur sans orteils carrés.

Au bout d'une semaine, il a fallu rendre le van. Celui que l'on a affectueusement rebaptisé « notre camion vert » mais que l'enfant, elle, s'est obstinée à dénommer « le train ».

Allez comprendre.

Les vacances en van, c'est vivre un peu courbé. C'est dormir un peu tordu. C'est se laver un peu jamais. C'est aussi faire pipi derrière une portière. Mettre le même tee-shirt qu'hier. N'avoir de la place dans le frigo que pour une bière.

Mais les vacances en van, c'est surtout se réveiller au bord de la mer et être en pyjama sur une plage parfois déserte. Est-ce que ce privilège n'efface pas tout le reste ? Si, bien sûr.

12/10/2019

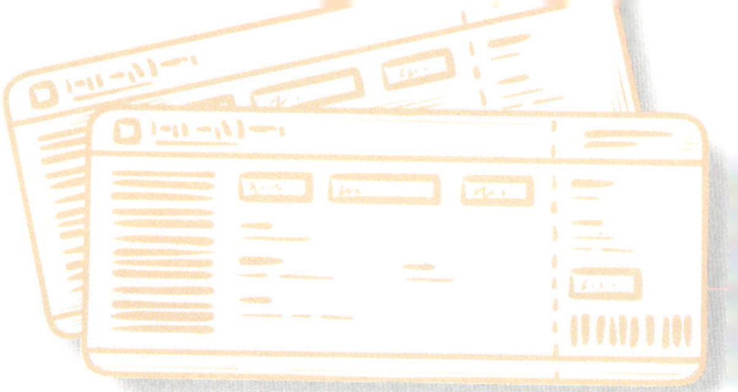

LE VOYAGE EN TRAIN

Une des choses dont j'avais le plus peur en devenant mère, c'était le changement de personnalité.

La mienne pour être plus précise car bon, Trump et Poutine existent et on ne peut pas régler tous les problèmes de ce monde.

Ce changement, je le voyais opérer sournoisement autour de moi et j'avais une peur terrible qu'il m'atteigne. Et si je devenais rigide? inquiète? enfant-centrée? ou même, adulte?

Et c'est vrai qu'au début, dans l'ouragan qu'est la gestion à part entière d'un être humain, la rigidité est un refuge dans lequel il est rassurant de se précipiter. Les bains à 37,5, les repas à midi pile, le zéro sucre, le fait maison, le sac à langer rempli de «et si?»

Et puis les mois passent.

Je suis dans le train avec ma fille de 2 ans et demi. C'est indéniable, l'organisation s'est invitée dans mes nouvelles qualités, j'ai donc pensé à emporter son repas (= en lice pour le prix de la meilleure mère de l'année) et quelques livres pour l'occuper. Mais la vie a depuis longtemps repris ses droits: **j'ai oublié ses couverts.**

Alors je regarde ce petit être sur sa faim, et je lui dis de lever la tête avant de faire tomber quelques pâtes froides dans sa bouche comme s'il s'agissait d'un oisillon.

Et vous savez quoi? L'appétit a été inventé avant la fourchette. Et le rire avant les règles.

02/11/2019

C'EST ÇA, AVOIR DES BOTTES

Le week-end a donc commencé par une chute du toboggan. Oh, pas grand-chose: juste une joue, un front et un nez râpés comme du gruyère. Pas grand-chose mais de quoi assurer le remplissage de quelques nappes phréatiques tout de même.

Ayant moi-même fait faire l'expérience à mes parents d'un bras cassé la veille d'un départ en vacances, je suppose que le karma s'installe doucement. Doucement mais sûrement.

On a quand même pris la route pour la Bretagne.

En Bretagne, il a plu, et puis il a fait beau, ce qui permet une fois de plus de montrer à tout le monde à quel point on peut avoir tort et raison dans la même seconde.

On a observé les mouettes qui sont en fait des goélands et puis les goélands moches qui sont en fait des goélands adolescents. Rien de très surprenant en somme.

On a mangé des crêpes parce que franchement, ça aurait été bête de se faire un cassoulet. Et puis les crêpes… est-ce que c'est pas l'idée révolutionnaire qu'on aurait tous voulu avoir un jour ?
Si, bien sûr.

L'enfant n'a jamais autant marché. Une paire de bottes et des flaques d'eau, si ça aussi c'est pas une brillante idée.

Et puis il a fallu partir. Comme les deux tiers de la France sans doute, vu le nombre de voitures sur la route.

Je ne sais pas si la Bretagne ça se gagne, en tout cas, pour cette fois, jusqu'au bout, il aura fallu la mériter.

UN ACCOUCHEMENT DE RÊVE

09/12/2019

Parfois j'imagine. J'imagine que j'ai accouché ce matin. J'ai pas pris la péridurale, je me suis dit que ça en ferait plus pour les autres. Une vingtaine de minutes et c'était plié. Juste avant la troisième contraction (c'était aussi la dernière), on a partagé un petit café avec la sage-femme en souvenir de ces neuf mois de pur bonheur. Nuit paisible, estomac fiable, plateau de fromages et place assise dans le métro. Tout ça quoi. À un moment, elle m'a fait la blague du « Qui a le plus de points entre un chauffard alcoolique multirécidiviste et une jeune maman » et qu'est-ce qu'on a ri.

L'enfant va bien. 3,5 kilogrammes - 50 centimètres. Ce qu'on lit dans les manuels quoi. Il est sorti propre bien évidemment. Il a crié mais ça ressemblait plus à un chant d'oiseau en voie d'extinction qu'à des pleurs de bébé. Quelque chose de rare et mélodieux.

C'est un Scorpion ascendant Poussin angora si j'en crois l'éminente scientifique Christine Haas. Il paraît qu'il sera leader, gentil, intelligent, drôle, riche et célèbre. Et modeste. Elle n'a pas ajouté: « Tout comme sa mère » mais je sais que c'est ce qu'elle pensait au fond d'elle. La pudeur sans aucun doute.

Il fait déjà ses nuits même s'il n'y en a pas encore eu et il a pris son premier bain tout seul. J'en ai profité pour écrire mes troisième et quatrième romans. Comme ça, c'est fait.

J'ai eu le feu vert pour reprendre le sport, alors quand j'ai vu qu'un marathon passait juste devant la maternité, j'ai pas hésité. D'ailleurs, si quelqu'un veut une médaille… chez nous on manque de place.

Toutes les parties de mon corps ont retrouvé leur taille d'origine. Et j'ai fait du trampoline pour fêter ça.

J'ai encore plein de choses formidables à dire mais j'ai un baby jacuzzi à organiser. C'est comme une *baby shower*, mais avouez que le champagne et le caviar c'est plus sympa que les cupcakes et les Smarties.

Parfois j'imagine, mais c'est la seconde fois. Alors je sais que ça ne va pas se passer comme ça.

14/12/2019

LA GROSSESSE EN QUELQUES CHIFFRES

Vu qu'en ce moment je suis sur le point d'exploser, les gens posent beaucoup cette question: «Vous êtes enceinte de combien?»

J'hésite toujours sur ce que j'ai envie de répondre. La plupart du temps, ce n'est pas vraiment à la question:

* «6 096 heures.»
* «Finalement, l'inventeur du legging n'avait pas tout à fait tort.»
* «Mais du coup, le foie gras, j'ai droit ou pas?»
* «Certifiée sobre depuis mars 2019.»
* «C'est bon, on est à jour sur les albums photo de vacances.»
* «C'est bon, on est à jour pour le shopping sur Internet.»
* «Au fait, j'ai invité Gérard, le livreur Colissimo, à déjeuner dimanche midi.»
* «Et si je me mettais au tricot?»
* «Au fait, j'ai aussi invité Sylvie du labo d'analyses médicales.»
* «Je m'en fiche, de toute façon maintenant, plus personne ne va me peser.»
* «Et celui-ci, il est pasteurisé?»
* «Comment ça je suis en chaussons? T'es sûr?»
* «Trois tours du monde par Phileas Fogg.»
* «Tiens, maintenant quand je tape la lettre D sur Google, c'est Doctissimo qui sort en premier.»
* «Vous êtes sûr que mars, cette année, c'était en 2019?»
* «37 dimanches sans sushi.»
* «Tu savais qu'il y avait 22 marches entre chaque étage?»
* «38 kilos de mandarines.»
* «Tu me promets que ça va pas me faire des escarres au dos cette histoire?»
* «J'hésite entre le jus de tomate et une grenadine...»
* «Tu me fais sentir ton vin?»
* «À-point-mais-plutôt-saignante-je-vous-en-supplie.»
* «Votre tartare, il est cru... cru?»
* «Tu crois qu'un jour, ce sont les hommes qui seront enceints?»
* «6 097 heures.»

16/12/2019

LES DERNIERS JOURS QU'AVEC CETTE PETITE FILLE UNIQUE

25/12/2019

UNE PETITE SŒUR

- Bilan à J+7.
- Ce que je crois avoir compris.
- Avec le premier,
  on croit qu'on n'a pas le temps.
- Avec le deuxième,
  on n'a pas le temps.
- Avec le troisième, on n'a pas

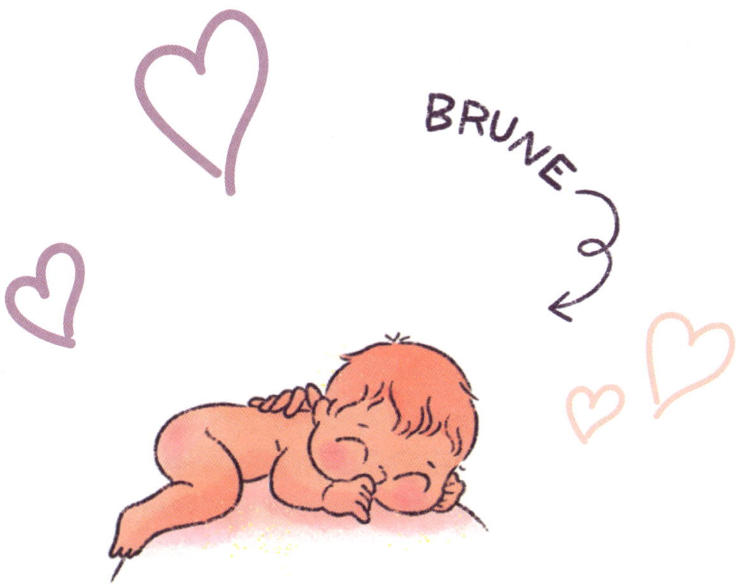

28/12/2019

LA PREMIÈRE SORTIE À QUATRE

C'est pas compliqué, depuis sa naissance notre vie se résume à habiller un enfant, déshabiller un enfant et ramasser des Lego. Alors hier, on en a eu un peu marre. On a eu envie d'évasion, de voyage, de rêve. On a pris un taxi, on est allés à l'aéroport et on a décollé pour les Caraïbes.

Ah non, c'est vrai. On n'a pas fait ça.

On a pris le métro et on est allés à l'aquarium de Paris. Voilà, c'est ça que l'on a fait, ça me revient maintenant.

On est arrivés là-bas à midi et c'était pile l'heure du repas pour la moitié de l'effectif. La moitié qui pleure quand elle a faim. On a voulu manger dans l'aquarium mais le pain mouillé, c'est pas trop mon truc.

À moins que ce ne soit les buffets à 27 € par personne. Allez savoir.

À la place, on a pris un hot-dog et des nachos dans une petite cahute avec vue sur la tour Eiffel. Une sorte de voyage lowcost pour le Nouveau-Mexique, mais un voyage tout de même, après tout.

On aurait pu rester là longtemps, à déguster notre saucisse cancérigène dans son petit pain au lait plein de gluten mais il fallait bien aller voir les poissons.

On s'est installés sur des faux rochers et on a regardé les requins passer au-dessus de nos têtes. On s'est dit que tout ça, c'était bien à l'image de nos vies actuelles, deux épaves plongées au fond de l'océan qui ne voient pas très bien quand elles referont surface, mais ce n'est pas bien grave. Ce n'est pas bien grave car même si on ne sait pas où on va, tout ce qui compte, c'est que l'on ait choisi le voyage.

Un joyeux bordel

2020

13/01/2020

LES 1000 JOURS

Cette petite personne a 1000 jours.

1000 jours.

Il y a des théories sur la parentalité qui disent que tout se joue avant 1000 jours.

Autant vous dire qu'hier on a tout donné.

On a ouvert tous les livres de mathématiques et de poésie. On a appris l'anglais et l'espagnol. On a mis du Mozart à plein volume et *Des chiffres et des lettres* en toile de fond. On a sorti le vélo, la planche à voile et l'échiquier. On a acheté un piano et l'intégralité des ouvrages de la Pléiade. Car oui voyez-vous, nous avons l'éducation pompeuse par ici.

Et puis bon évidemment, ce matin c'était Chocapic devant ce bon vieux Petit Ours Brun.

Mais je ne vois pas où est le problème, puisque tout s'est joué avant, paraît-il.

1000 jours donc.

Je ne vous cache pas que j'ai mis un rappel sur mon téléphone, histoire de bien bien (bien) marquer le coup. Je voulais réaliser. Réaliser, c'est une des choses que j'aime le plus faire. Parfois j'arrête tout ce que je fais et j'observe mes proches en superposant les souvenirs. Me serais-je un jour douté? Non évidemment. On ne se doute jamais de rien car on doute toujours de tout.

1000 jours.

1000 jours que je ne me demande pas comment je vivais sans elle parce que je vous le dis tout de suite: je vivais la porte des toilettes fermée.

1000 jours qu'on essaie de lui faire vivre sa meilleure vie et je ne sais pas si tout s'est joué avant, mais je suis sûre qu'on n'arrêtera pas de jouer après.

18/01/2020

UN MOIS DE BRUNE

Il y a un mois naissait cette toute petite fille: Brune.

Dans la salle d'accouchement, quelques minutes après la fin d'un monde, une aide-soignante m'a demandé:

«Alors? C'est le plus beau jour de votre vie?»

J'ai cru qu'elle rigolait.

«Ahah non, évidemment», lui ai-je donc répondu.

Elle m'a regardée, elle ne rigolait pas.

Le plus beau jour de ma vie... C'est-à-dire que l'autre jour j'ai mangé un gâteau au chocolat et que c'était bien. En tout cas, c'était sans contraction.

Et on n'y pense pas assez mais une journée sans contraction est une journée réussie.

Et puis, surtout, des jours préférés, à partir de maintenant, je n'en aurai plus jamais qu'un seul. Alors peut-être que, finalement, si on se ment un peu, c'était le plus beau jour de ma seconde vie.

LE RETOUR DE LA VIE SOCIALE. QUASI.

05/02/2020

Mercredi j'ai fait ma première sortie nocturne depuis la naissance de ma seconde fille.

Un mois que je ne sais plus vraiment où s'arrête son odeur et où commence la mienne.

Un mois que je note les heures où elle mange et celles où je la change car franchement pendant cette période, rien ne ressemble plus à une veille qu'un lendemain.

Un mois que ma vie sociale est si peu intense que mercredi, quand on m'a dit «bonjour» pour la première fois, j'ai répondu «merci».

J'étais pas prête je crois. Ou un peu trop peut-être.

09/02/2020

LE SECRET DE L'INSTINCT MATERNEL

Il y a quelques jours, l'enfant a souri. Vous savez à quoi ça m'a fait penser ? Ça m'a fait penser que depuis sa naissance, cet enfant ne m'a pas souri une seule fois.

Ça m'a fait penser que depuis six semaines, je change les couches, j'habille, je lave, je nourris, je soigne, j'embrasse, je regarde, je respire un petit être qui ne me donne absolument rien en retour. Pas même un sourire.

Je m'inquiète, j'ai peur, j'angoisse, je dors mal, je mange mal, je vis mal, tout ça pour une petite personne que je connais à peine. Un inconnu qui dit même pas merci.

J'ai souvent dit que l'instinct maternel n'existait pas. Mais j'ai peut-être changé d'avis.

L'instinct maternel ce n'est pas lire dans les pensées de son enfant et deviner s'il va bien ou mal, s'il a faim ou soif, s'il faut le bercer plutôt sur le bras droit ou complètement sur le bras gauche. L'instinct maternel c'est donner, ne rien recevoir, continuer de donner quand même et trouver ça normal.

C'est avoir peur pour la vie d'un être qui n'existait pas quelques jours plus tôt, un être qu'on nous a posé sur le ventre sans nous demander si on était prête, ni même si on en aurait préféré un autre.

C'est aimer, sans retour.

Il m'aura fallu deux enfants pour comprendre ça.

Comprendre que l'instinct maternel c'est sans doute faire mal les choses, mais les faire mal en s'appliquant de tout son cœur...

20/02/2020

LE PIRE CADEAU DU MONDE

Ce vélo a été acquis à Noël, pendant cette période étrange où les adultes oublient qu'ils ne vivent pas dans un 300 mètres carrés, qu'ils n'ont pas d'ascenseur, pas de garage, et surtout, pas de patience.

D'autant que vous remarquerez qu'il est rose et qu'il a des pompons, ce qui veut dire qu'il se fond parfaitement avec la décoration de notre intérieur.

Bref!

Si le rire est le propre de l'homme, saviez-vous que le vélo non? En tout cas, pas ici, c'est sûr.

À la première sortie, j'ai passé le trajet du retour sur le site leboncoin, à taper frénétiquement d'une main tout en portant le vélo de l'autre.

Quand elle l'a demandé au père Noël, il faut croire que l'enfant ne s'était pas imaginé UNE SECONDE qu'elle devrait pédaler. Ni même tourner le guidon.

Je crois que ce qu'elle voulait, en fait, c'était une chaise. On s'est pas compris, voilà tout.

À la deuxième sortie, elle a saisi qu'il était possible d'éviter les poubelles et les poteaux avec un brin de bonne volonté. Mais les pédales, ça, vraiment ça restait un concept qui ne la bottait pas.

Et puis il y a eu la troisième sortie. Le guidon a tourné, tout comme les pédales. Mais pas en même temps. Il faut pas exagérer non plus.

La quatrième sortie, franchement, je sais pas. C'est qu'il faut survivre à tout ça tout de même.

Vous ai-je dit que ce vélo avait aussi une sonnette ?

09/03/2020

TOUT ARRIVE

Je ne savais rien des enfants.

Je ne savais pas qu'il y aurait le temps dévoué, les nuits saccadées, l'inquiétude tatouée, le silence sur leurs pensées, le trop et le pas assez.

Je ne savais pas qu'il y aurait l'insuffisance et l'opulence, l'envie de partir qui précèderait toujours celle de revenir, l'attachement ancré et l'envie de liberté.

Je ne savais rien de l'ambivalence des sentiments.

Mais il y a une chose que j'ai toujours su, c'est qu'un jour, j'irais boire des chocolats chauds dans les bars avec ma fille.

Ça serait une sorte de surprise du quotidien, un rituel que l'on s'efforcerait de toujours rendre exceptionnel. Ce serait un moment à deux, même si on est trois puis quatre.

Elle s'installerait sur une chaise en face de moi, elle plongerait sa cuillère dans la mousse légère et vaporeuse et elle me raconterait sa journée. On serait face à face comme deux femmes, parce que tout ce qu'elle sera un jour est déjà là, devant moi. Parce que parfois, il suffit juste de regarder les choses pour qu'elles existent.

J'ai attendu ce moment et puis il est arrivé. Les choses arrivent toujours quand on décide de les faire existerexister.

Café Louise
ouvert
Café
Louise

18/03/2020

LA SOLITUDE DE TOUTES LES FEMMES

Il y a trois mois, je tremblais comme une feuille à chaque contraction.

J'avais peur.

De tout.

Peur d'avoir trop mal. Peur que ça dure deux jours comme la première fois. Peur de mourir. Peur d'avoir peur de mourir comme la première fois. Peur qu'on ne m'écoute pas. Peur que l'on décide pour moi. Peur qu'on ne me demande pas: « Je peux ? » à chaque fois que l'on s'inviterait dans mon corps. Peur de ne pas y arriver. Peur du dernier effort, celui dont on ne parle presque jamais mais qui achève de nous épuiser. Peur du: « On va devoir vous aider. » Peur de ne rien ressentir de beau après avoir eu si mal. Peur de trop ressentir au point d'en avoir mal. Peur de l'après avant même que ça n'ait commencé. Peur de ne pas réussir à me (re)lever. Peur du sang. Peur du lait. Peur du corps vide. Peur du trop-plein. Peur de revoir mes pieds. Peur de les voir trop peu. Peur de rester dans cette chambre. Peur du moment où il faudrait la quitter.

Il y a trois mois, à cette heure-ci, j'avais peur d'à peu près tout.

On est loin d'être seules à vivre ce moment, mais c'est de loin la plus grande solitude qu'une femme puisse connaître.

25/03/2020

LE ROSE

Le rose. Un des plus grands mystères de ma vie.

Comment, pourquoi, pardon mais quand? Je n'en sais rien. Cette enfant aime le rose. Elle aime aussi les paillettes, les gommettes et les princesses. Quelles princesses me direz-vous? Mais je n'en ai pas la moindre idée bon sang. Ici c'est Petit Ours Brun ou rien, et à vrai dire, c'est bien souvent rien. Le plus proche qu'on ait fait en matière de princesse, c'est Boucle d'or, et vous noterez le dénominateur commun: les ours.

Mais non. Elle, ce qu'elle retient, c'est les princesses. Pas les ours.

Les sacs à main. Le rouge à lèvres. Le rouge à lèvres voyons... Moi qui ai découvert le mascara à 23 ans. Le vernis à ongles aussi, alors que je me suis déjà fait refouler d'une manucure parce que je n'avais rien au bout des doigts.

C'est incompréhensible cette histoire d'enfant qui sort de nous et qui fait sa propre vie comme ça, avec ses propres goûts, ses propres choix, ses convictions. À moins que ce ne soit ses grands-mères. Mystère.

Alors ce matin, pour éviter la tenue de fée papillon (oui, on a cette chose), j'ai sorti le tigron en même temps que la culotte et les chaussettes. Comme ça, l'air de rien. Évidemment elle ne voulait pas. Alors je lui ai fait croire que okay très bien, pas de tigron. Technique infaillible: elle voulait le tigron.

On est sorties de la maison et là, je ne sais pas ce qui m'a pris mais avec toute ma faiblesse de mère je lui ai dit: «Tu sais quoi? T'es vraiment une incroyable princesse tigron.»

11/04/2020

L'ANNULATION D'ANNIVERSAIRE

En début de semaine, j'ai dû appeler pour annuler son anniversaire. Elle ne voulait plus avoir 3 ans. J'ai eu un monsieur au téléphone, très gentil soit dit en passant, à qui j'ai expliqué que voilà, en fait, 2 ans et demi, ça lui allait bien.

À priori j'étais un peu limite dans les délais, cinq jours avant, ça ne se fait pas paraît-il, mais bon il allait voir ce qu'il pouvait faire.

Je me suis excusée, c'était ma première annulation d'anniversaire, on ne m'avait pas prévenue et puis en plus, c'est vrai que par les temps qui courent... Il avait l'air assez d'accord concernant les temps qui couraient.

Elle était là, à côté de moi, à hocher de la tête pour m'indiquer qu'elle confirmait tout ce que je disais et aussi un peu pour m'encourager à ne rien lâcher.

Vraiment, 3 ans, elle n'avait pas envie.

C'est là qu'il m'a dit que s'il n'y avait pas d'anniversaire, il n'y avait pas non plus de cadeaux.

Ah.

Elle avait l'air un peu embêté.

Je lui ai demandé: «Alors, qu'est-ce qu'on fait?»

Le monsieur n'avait pas que ça à faire. Il faut dire qu'en ce moment les annulations ont la cote.

Ma fille tergirenversait. «Tergirenverser», c'est comme tergiverser mais en fichant son yaourt par terre.

J'ai tranché: «OK, on garde.» 3 ans c'est pas mal après tout. Il paraît que c'est les premiers souvenirs. Et les souvenirs franchement, je crois que ça me ferait du bien si elle pouvait en avoir, même un seul, de tout ce qu'on a fait pour la voir rire.

C'est là que j'ai pensé au camion vert. Celui dont elle nous parle tout le temps, mais qui a eu lieu avant ses 3 ans.

Alors j'ai confirmé l'annulation. Et pour ses 3 ans, j'ai fabriqué un souvenir en carton.

14/04/2020

LES «BONS POUR»

Quand on devient parents, on devient aussi débordés. C'est pour cette raison que nos cadeaux d'anniversaires deviennent bien souvent des «bons pour».

Moi sur mon «bon pour», il y avait marqué «un camping au fond du jardin à trois avec l'enfant», ou «une nuit blanche», je ne sais plus.

On a déplié la tente et à l'intérieur il y avait des papiers de Carambar décolorés. Ça sentait l'humidité de 1992, la terre et le plastique. Une odeur de vacances et d'enfance en quelque sorte. Et de moisi aussi. Ça m'a fait penser au temps qui passe et j'ai failli faire une crise d'angoisse, ce qui n'était pas les conditions idéales pour une nuit de cadeau d'anniversaire, vous en conviendrez.

On a enfilé nos plus beaux habits moches et on est partis. Au fond du jardin. Ce qui est plutôt pratique finalement, car personne n'a vomi pendant le trajet.

On s'est installés pour regarder le coucher du soleil, et parfois le soleil se couche sur un toit ou sur le sommet d'un arbre, mais pas là. Là il se couchait dans son lit. Sur la colline.

L'enfant était là donc. Pas très au fait des coutumes du camping. Elle nous a demandé: «Je peux?» à chaque fois qu'elle voulait du saucisson. Elle n'avait pas compris que c'était le repas. Pas l'apéritif.

Je lui ai dit: «Tu vois, l'étoile qui brille le plus, c'est l'étoile du berger.» J'avais l'impression d'être l'actrice principale d'un film un peu cliché et c'était bien. C'était bien parce que quand son père est revenu des «toilettes», elle lui a dit: «Ça c'est l'étoile du berger». J'avais l'impression d'être le second rôle d'un film un peu cliché et c'était bien.

Après on s'est couchés. Mais là non plus, le principe n'était pas hyper clair. L'enfant était partout sauf sur son matelas.

On n'a quasiment pas fermé l'œil de la nuit. Elle non plus. Mais il paraît qu'on oublie les nuits noires. Pas les blanches.

06/05/2020

LA PHOTO PANORAMIQUE

Parfois je ne construis pas des camions verts en carton.

Parfois je vais sur Doctissimo. Parfois je fais du chantage. Parfois je refile le dentifrice menthe forte sans le vouloir et je dis: «Roh ça va» quand du coup, elle pleure. «Roh ça va»: la mauvaise foi en trois syllabes. Parfois je dis qu'il est l'heure d'aller au lit alors qu'il est une heure de moins. Parfois j'achète tous les laits en poudre possibles à la recherche de celui qu'elle avalera à peu près bien. Et je le chauffe. Ou pas. Je change de marque de biberon. De tétine. D'eau minérale. D'inclinaison du coude. De pièce dans la maison. De parfum. Parfois elle le boit. Parfois pas.

Parfois j'ajoute discrètement dix minutes au minuteur censé réguler l'addiction aux écrans. Parfois en m'endormant, je pense à l'époque où je n'avais pas d'enfants, et c'est un fantasme. Sauf qu'il a déjà eu lieu. Parfois je la dépose dans le lit. Parfois je la berce dans les bras alors que j'avais dit pas les bras avant le lit. Parfois j'attends avant de changer les couches. Parfois il y a des pâtes le midi ET le soir. Parfois je crie. Parfois je ne lis pas d'histoire. Parfois je saute une ligne sur deux dans les histoires. Parfois il n'y a pas de bain. De la semaine. Parfois je dis oui alors qu'il faudrait dire non. Parfois j'ai envie de rire et en fait je pleure. Parfois c'est l'inverse.

Parfois, je me dis qu'avoir un enfant c'est comme essayer de prendre une photo panoramique avec son téléphone. Il y a la ligne qu'on voudrait suivre. Mais parfois on est trop haut et parfois on est trop bas. Ça nous énerve, ça nous mine. Pourtant quoi qu'il arrive, à la fin la photo est toujours belle.

23/05/2020

LES ENFANTS, C'EST POUR LA VIE !

J'ai toujours l'impression que tout va bien aller, jusqu'à ce que ça arrive et que je constate qu'en fait non. En tout cas pas toujours. C'est comme ça que j'ai fait un enfant. Comme ça aussi que j'en ai fait deux. Et comme ça, sans doute, que j'en ferai trois. Juste pour vérifier.

Depuis que je suis mère, je pense souvent à la mienne et à cette phrase qu'elle me disait beaucoup : « Les enfants, c'est pour la vie. » La plupart du temps, elle quittait ma chambre et je retrouvais un paquet de préservatifs posé sur mon bureau. À priori, les petits-enfants aussi, c'est pour la vie.

Je pense à ça parce que dimanche, j'ai récupéré mes deux enfants-pour-la-vie. Pour la vie moins cinq jours donc, puisque c'est le temps qu'elles ont passé chez leur grands-parents. Celui aussi que l'on a passé à deux. À deux comme dans notre vie d'avant, sauf que cette vie-là, ce n'est plus vraiment la nôtre mais juste une parenthèse. Et je peux vous assurer que cette idée de « c'est pour la vie », quand on y pense, c'est assez vertigineux.

Je ne serai plus jamais seule et c'est rassurant au moins autant que c'est terrifiant.

La vie, celle avec un enfant, c'est la même chose que sans enfant. Sauf que c'est beaucoup plus compliqué. Alors au début, avec deux, je me suis dit en fait, ça va être deux fois plus compliqué. (J'ai des facilités en maths.) Mais il y a cette phrase que l'on m'a dite quand je ne dormais plus beaucoup et que je faisais des recherches Google «machine à remonter le temps DIY»:

Ce n'est pas la situation qui engendre l'émotion mais l'idée qu'on se fait de la situation.

Depuis, rien n'a changé évidemment. Si les livres de développement personnel servaient à quelque chose, ça se saurait. Mais parfois, parfois, j'essaie d'y penser. Pour les enfants et pour tout le reste.

Et je continue de toujours me dire qu'au final, tout va bien aller.

01/06/2020

LE DEUXIÈME ENFANT

Je parle beaucoup de la première petite fille mais celle-ci est tout aussi incroyable. Déjà, elle accepte que je la plie en deux pour la faire rentrer dans cette écharpe, tout ça parce qu'il est HORS DE QUESTION que je n'utilise pas ces deux bouts de tissu achetés 80 balles. Et ensuite parce qu'elle connaît la table de neuf, ce qui, avouez-le, est quand même surprenant. Surprenant et faux.

En réalité elle ne fait pas grand-chose mais ce qu'elle fait, elle le fait bien. Et rien que ça, déjà, ça pourrait être un programme politique. Alors qu'elle n'a pas 6 mois.

Mais ce qu'elle fait de mieux, vraiment, c'est être contente.

Contente de me voir, contente de voir les autres, contente de jouer avec une épingle à linge, contente de prendre un bain, contente qu'on l'embrasse dans le cou, contente qu'on lui prépare un biberon, contente de dormir dans la salle de bains parce qu'on n'a pas trouvé de meilleure solution, contente de toucher un paquet de mouchoirs, contente qu'on réapparaisse après s'être caché trois secondes derrière nos mains... Contente d'être là, dans cette minuscule place que l'on laisse à un deuxième qui ne connaîtra jamais l'amour exclusif. Ni ça, ni les vêtements neufs.

Peu importe. Elle est contente.

Parce qu'elle sait déjà que l'inconfort est le berceau des vies trépidantes. Et que les derniers auront toujours en plus, l'amour de ceux qui sont arrivés avant.

14/06/2020

LA SECONDE D'AVANT

Des bretelles trop longues, des boutons pas fermés, des petits pieds nus et une casquette à l'envers.

Et puis elle s'est retournée et elle m'a dit: «Maman, j'ai envie de faire caca.» La vie c'est parfois mieux la seconde d'avant.

20/06/2020

LES ENFANTS ONT DES OREILLES. COMME LES MURS.

Hier avant de partir il m'a dit: «Je te préviens, c'est son idée de cadeau à elle.» J'ai pensé: «Ça y est, on y est: il va falloir mettre des étagères dans les toilettes.»

Et puis ils ont claqué la porte et ils sont revenus deux heures plus tard à trois: lui, elle et cet immense secret qu'il allait falloir garder vingt-quatre heures.

Ce matin au réveil, aucun collier de nouilles ni même une empreinte d'animal dans de la terre cuite. Non, rien de tout ça. À la place, j'avais un casque.

Parce que c'est ce qu'elle lui a dit un soir, dans les draps de son lit et la pénombre de la nuit. Que pour la fête des mères, il me faudrait un casque pour mon vélo.

L'enfance, les oreilles qui traînent et l'inquiétude immense que le monde qui nous a portés un jour puisse s'écrouler pour toujours.

08/07/2020

UNE HORLOGE MAL RÉGLÉE

Il est 7h30. L'enfant est réveillée depuis 5h30. Et encore, 5h30. C'est l'heure à laquelle j'ai daigné regarder mon téléphone.

Hier, on lui a parlé d'un petit déjeuner et donc voilà. L'excitation l'a réveillée. L'excitation, pas la faim. La faim de toute façon, ça n'a jamais été son truc.

Cette petite fille comprend beaucoup de choses. Qu'après quatre, il y a cinq. Que ce chant-là, c'est celui d'une tourterelle. Que pour aller chez ses grands-parents c'est à droite puis à gauche. Mais elle ne comprend pas qu'il est 6 heures et que le petit déjeuner, c'est pas possible. Qu'on n'est pas chez nous et que le monsieur n'a pas ouvert. Même si on le lui répète depuis une heure.

Non, elle aime trop les petits déjeuners. Allez savoir. Le concept lui parle.

À 7 heures, j'ai craqué. J'ai mis un sweat sur son pyjama et on est parties se promener. Je lui ai dit de prendre des cailloux dans les poches et même, des miettes de pain. On ne sait jamais. Elle m'a demandé: «On va où?»

J'ai répondu: «Il y a deux individus à qui j'en veux terriblement ce matin pour à peu près les mêmes raisons. Le premier hurle dès 5h30 du matin. Le second hurle dès 5h30 du matin. L'un des deux a réussi à devenir l'emblème d'un pays. L'autre doit encore faire ses preuves.»

Elle a soufflé: «Ah». Et puis elle a entendu le coq. Et elle a dit: «Oh, un coq.» On a marché dans la forêt, on a regardé les insectes faire des cercles sur la mare et on a soufflé sur les pissenlits.

Elle a dit: «Oh, du blé. Pour faire de la farine. Et des gâteaux au chocolat.»

Elle comprend, donc.

C'était bien pendant quelques secondes. Et puis il a fallu que je la porte et que j'enlève les trois tiques qui étaient montées sur mon pantalon. Il était 7h52. Et le monsieur du petit déjeuner n'avait toujours pas ouvert.

10/08/2020

L'ESTOMAC DANS LE HAMAC

Cette enfant a l'estomac le plus aléatoire au monde.

Tout à l'heure, dans le hamac, elle m'a lancé: **«J'ai le hoquet sans bruit.»** Il faut noter un certain talent pour la périphrase. Le hoquet sans bruit, c'est sa manière à elle de dire qu'elle a envie de vomir.

Je crois qu'elle pourrait vomir partout. C'est comme dormir partout mais en beaucoup moins pratique. Dans la voiture évidemment, son terrain de prédilection, mais dans un hamac aussi. Apparemment.

Ça m'a fait penser à l'expression «avoir l'estomac bien accroché» et je me suis demandé si le sien l'était mal. Est-ce qu'on a oublié une sorte de petit mousqueton au moment de sa création? Un boulon, une vis, je ne sais pas, quelque chose. Un détail forcément. Parce que sinon pour tout le reste, il n'y a pas à dire, on l'a plutôt bien réussie. Et la deuxième aussi.

13/08/2020

C'EST PAS GRAVE

Ma fille vient de rentrer dans sa phase « c'est pas grave ». Elle renverse son flacon à bulles ? « C'est pas grave. »

Elle fait tomber son yaourt sur le sol ? « C'est pas grave. »

Il y a une pandémie qui menace l'équilibre du monde ? « C'est pas grave. »

Je crois qu'elle est stoïcienne. Ou alors elle a presque 3 ans, je ne sais pas.

Évidemment, sa philosophie de vie me pousse à me poser des questions.

J'ai d'abord pensé à la réincarnation mais comme elle ne réagissait pas quand je criais « Sénèque », j'ai laissé tomber. Il n'y a pas de vieux philosophe dans le corps de cette petite fille et ce n'est pas plus mal parce que je ne sais pas si j'ai d'autres activités à proposer que la pâte à modeler et le coloriage.

La deuxième hypothèse c'est qu'elle a raison. « C'est pas grave. »

Il y a les choses qui dépendent de nous et puis il y a le reste. Et pour tout le reste, alors, c'est pas grave. Et sûrement que ce n'est pas tout à fait vrai, mais rien ne nous empêche de le croire. Rien ne nous empêche d'avoir à nouveau 3 ans. Ou du moins de le croire.

17/08/2020

ON A REFAIT DES VACANCES EN VAN

Cette image c'est un peu comme nos vacances : un joyeux bordel.

À un moment, il y a eu de la sauce bolognaise jusque sur le plafond de notre « chambre » et c'était juste après avoir enfin réussi à laver les taches de vin de sur nos draps blancs. Ça pose les bases.

Un enfant a fait la grève de la faim pendant cinq jours pendant que l'autre pleurait chaque fois qu'une purée se terminait. Je vous assure, Dieu n'existe pas, sinon il aurait inventé le juste milieu. À la place il a inventé les enfants. Et à mon avis, Ève a mangé autre chose qu'une pomme pour qu'Il nous en veuille autant.

Deux adultes et deux enfants de 3 ans et 7 mois dans un van de la taille d'un T1 parisien, ça pourrait être un concept d'émission télé qui viendrait piquer l'audimat de TF1 les soirs de Koh-Lanta.

Mais en fait, c'étaient nos vacances.

J'ai retrouvé un dard planté dans la peau d'un enfant qui ne pleurait pas et j'ai dû en consoler un qui avait les pieds sales.

Il y a eu deux vomis, une seule douche, pas beaucoup de brossages de dents, un enfant qui pleure pour qu'on le sorte de sa poussette, un qui hurle pour avoir le droit d'y aller.

De l'orage, de la pluie et un soleil un peu trop chaleureux. De l'amour, des rires mais surtout, beaucoup de patience.

De la patience et un grand questionnement silencieux : pourquoi est-ce les chiens que l'on abandonne sur les aires d'autoroute au moment des départs en vacances ?

Je n'ai évidemment pas la réponse.

26/08/2020

LA MAMAN LE PAPA LE BÉBÉ

Je ne sais pas d'où ça lui vient ce truc, de dire à chaque fois qu'elle se trouve en face d'objets identiques mais de tailles différentes : « Ça c'est le papa, ça c'est la maman et ça, c'est le bébé. »

Le papa, c'est toujours le plus grand. La maman c'est toujours le moyen et le bébé c'est toujours le petit. C'est Boucle d'or en quelque sorte mais appliqué à tout. Des tomates, des fourmis, des vélos, des clés, des fleurs, des cailloux… des chaises, des soupes et des lits.

Il y a toujours le papa, la maman et le bébé. Le grand, le moyen, le petit.

Alors l'autre jour je lui ai dit que parfois, les mamans étaient plus grandes que les papas. Ça lui a fait bizarre, elle qui a un père qui n'est dépassé que par deux ou trois bâtiments parisiens. Elle a dit «noooon» comme elle dit à chaque fois qu'elle sent que ça pourrait être du second degré: trois ans qu'elle est sur le qui-vive à cause d'un humour maternel douteux.

Mais cette fois je lui ai dit que si, c'était vrai. Parfois, les mamans sont plus grandes que les papas. Elle a dit d'accord et elle a continué à jouer.

J'ai ajouté: «Et tu sais, parfois, les enfants ont deux mamans ou bien deux papas. Ils ont deux mamans et pas de papa ou bien deux papas et pas de maman. Et c'est normal.»

Elle avait l'air étonné: «Pourquoi?» J'ai répondu: «Parce que c'est comme ça. La vie c'est pas toujours un papa, une maman. Mais c'est pareil et c'est normal.»

Elle a dit d'accord.

Ça m'a pris deux minutes et peut-être que ça changera sa vie. Pas tout de suite évidemment. Elle doit d'abord classer des objets du plus petit au plus grand en disant que c'est le bébé, la maman et le papa. Mais demain peut-être. Et pour toujours j'espère.

31/08/2020

LA GRÈVE DE LA FAIM

Ces vacances, il y a eu une grève de la faim.

Pendant cinq jours.

Cinq jours à ne rien avaler, pas même des chips, et si on connaît l'addiction de la mère et le mimétisme des enfants : c'était inquiétant.

Elle ne voulait rien avaler, vraiment, et c'était si catégorique que le caprice n'était même pas une option. Ni le caprice ni le problème gastrique. C'était plus que ça.

Elle ne voulait rien avaler et j'ai pensé à l'expression « avoir quelque chose en travers de la gorge » alors je lui ai posé la question : est-ce que j'avais dit une phrase qui l'avait rendue triste ?

Évidemment, poser cette question à cette enfant qui a une telle mémoire qu'elle pourrait me raconter les détails de sa naissance, c'était risqué. J'allais avoir droit à un bilan complet.

Elle a commencé à me parler de la fois où, trois mois plus tôt, je l'avais grondée sur un terrain de pétanque.

Bon. Je n'avais bien sûr aucun souvenir mais je me suis quand même excusée par principe.

Au bout de deux heures de discussion et quand je dis deux heures, on parle bien de cent vingt minutes mesdames messieurs, je lui ai demandé si c'était à cause de sa petite sœur qu'elle était triste.

Suspense : oui.

Il paraît que je la porte sans arrêt et que, elle aussi, elle aimerait bien être portée. Sauf que je lui dis tout le temps qu'elle est grande maintenant.

Et c'est là que ça a fait tilt dans ma tête.

Je lui dis AUSSI qu'il faut qu'elle mange pour GRANDIR.

Je la regarde, elle me regarde, je sais qu'elle sait que je sais. Je SAIS que c'est ça et je SAIS qu'elle n'a que 3 ans. Mais je sais.

Évidemment, quand je raconte cette histoire, les gens sont dubitatifs: encore une mère avec une enfant surdouée.

Sauf que ce matin en montant dans l'ascenseur: ma fille me dit: «Il n'y a pas beaucoup de place dans cet ascenseur… il faudrait qu'il mange. Pour grandir.»

Ne sous-estimons jamais personne. Jamais. Surtout pas les mères qui savent. Et les enfants qui ressentent.

03/09/2020

L'ÉCOLE J-1

Avant la rentrée, on est allées voir l'école tous les jours. Hier, quatrième jour de pèlerinage, je me suis demandé si elle pouvait faire un **burn-out de la préparation.** Mais non. Ça va.

Entre les discussions avant d'aller au lit, les livres sur l'école maternelle et les innombrables pèlerinages… C'est sûr, elle est plus que prête!

04/09/2020

L'ÉCOLE LE JOUR J

Évidemment, elle a pleuré.

Évidemment, à part ce qu'on a vu, on ne saura rien de sa journée.

Elle a répondu oui à tout, même à la question qui disait exactement l'inverse de la précédente.

Aucune info n'a filtré donc.

J'avais l'impression d'être en plein interrogatoire avec un agent secret timide, introverti, amnésique, croate et muet.

En l'espace de quelques minutes, j'ai réussi à poser tellement de questions que j'étais à deux doigts de postuler pour animer *Questions pour un champion*. Sachant qu'en plus, ça semblait être des questions dont personne ne connaît les réponses, ce qui me laissait croire que j'avais toutes mes chances pour le job.

Ah si ! Une fois elle a répondu. Et donc apparemment elle a mangé des carottes. Je dis «apparemment» parce que si vous voulez mon avis, elle a rien mangé du tout, vu ce qu'elle s'est enfilé en rentrant. Notamment un cul sec de briquette de jus de pomme qui m'interroge sur la présence d'eau courante dans cet établissement.

Évidemment, elle ne veut plus y retourner (elle aime bien l'eau). Évidemment, elle y retournera. Évidemment, ce sera pour toujours les plus grands moments de sa vie.

07/09/2020

L'ÉCOLE J+3

Les enfants sont surprenants. Ils sont heureux, puis ils ne le sont plus et la plupart du temps, c'est juste la minute d'après. Les enfants, en fait, c'est un ciel breton.

Ce matin, elle ne voulait pas aller à l'école mais je sens bien que cette phrase sera une sorte de petit rituel entre nous. Elle dira: « Je ne veux pas aller à l'école » et je dirai: « Je ne veux pas te nourrir, t'habiller, t'accompagner aux toilettes, te lire des histoires, te laver, remettre tes chaussures dans le bon ordre, te brosser les dents, te rassurer à 4 heures du mat' parce que tu as peur des dinosaures que tu confonds en fait avec des rhinocéros », et on rira. On rira.

Les deux premiers jours d'école, ça allait jusqu'à ce que l'enfant devant nous se mette à pleurer. Ma fille se mettait alors aussi à pleurer et c'était une sorte de grande chaîne de pleurs. Les enfants sont tellement solidaires, en fait.

Je me suis dit: « S'il n'y avait pas eu Mila, JAMAIS elle n'aurait pleuré. »

Mon mec m'a très justement fait remarquer que la maman de Mila avait dû se dire la même chose: « Si seulement il n'y avait pas eu Arthur devant nous... »

On s'est alors dit qu'il fallait partir à la quête du patient zéro, celui par qui tout a commencé, et ma grande perspicacité me laisse croire que l'enfant zéro n'est rien d'autre qu'un enfant ponctuel: le premier à être arrivé.

Seulement voilà, ce matin je suis arrivée et personne ne pleurait. Et je suis sûre que c'est ça qui a fait craquer ma fille. C'est vrai quoi. Qu'est-ce qu'ils ont tous à ne pas pleurer ? C'était super louche ! Alors elle a pleuré.

Je suis partie et j'ai croisé Mila que j'ai failli ne pas reconnaître pour la simple et bonne raison qu'elle ne pleurait pas. En tout cas pas encore.

L'ÉCOLE J+L'INFINI

Chaque matin, quand je la dépose, elle part et je reste. Elle croit que c'est l'inverse alors que pas du tout. Je reste et je me souviens.

Je me souviens de ce train qui passait par hasard chaque jour à la même heure et que nous suivions en criant comme des animaux jusqu'à ce qu'il disparaisse de notre monde. Au-delà de la cour de récréation.

Je me souviens de ce sapin, immense, d'où la sève coulait abondamment et qu'il ne fallait surtout pas toucher mais que nous touchions quand même. C'était l'interdit et il avait déjà des épines.

Je me souviens de Monsieur Michalik, sûrement petit mais à nos yeux terriblement grand, trapu, la moustache d'un plombier italien. Il attachait les enfants qui se levaient à leur propre chaise et mettait du scotch sur la bouche de ceux qui avaient parlé sans permission. Parler, ça s'autorise voyez-vous. Même quand on ne sait pas encore vraiment le faire.

Je me souviens de la honte ressentie, la fois, la seule fois, où ce bout d'adhésif m'avait réduite au silence. Si petite et déjà réduite.

Je me souviens de la sieste que je ne voulais pas faire et que je passais, les yeux grands ouverts à observer le bruit de l'obscurité.

Je me souviens d'un rectangle vide sur une feuille de papier. Une piscine dans laquelle il fallait dessiner des vagues avec un feutre bleu. Je me souviens m'être dit que je n'y arriverais jamais. Qu'il y avait trop de vagues et que je me noierais avant d'avoir terminé.

Je pense à tout ça, chaque matin quand je la dépose. Et je me demande ce qu'elle gardera de cette vie qui ressemble à toutes les autres mais qui est unique dans ce qu'il nous en reste, des années plus tard. Ce qu'il nous reste quand on n'est plus celui qui part.

17/10/2020

UNE HISTOIRE DE TRANSMISSION

J'ai dit: «Je prends mon skate et toi, tu prends quoi?»

Elle m'a répondu: «Mon bracelet.»

Bon.

Ça roule beaucoup moins bien, mais pourquoi pas.

Et on est parties.

Au bout de 30 mètres, elle voulait son vélo.

J'ai dit non, aujourd'hui c'est skate, comme j'aurais pu dire aujourd'hui c'est la table de neuf et les verbes irréguliers.

Je l'ai mise sur la planche, je lui ai dit: «Tu plantes la pointe, tu tournes dans ce sens, tu appuies sur les talons et tu tournes dans l'autre sens.»

Elle m'a regardée, un peu perdue. J'ai dit: «Bon. Ça c'est la pointe et ça, c'est le talon.» Il faut dire qu'on partait de loin, même si on n'avait pas fait 30 mètres.

On a roulé et contre toute attente, elle a planté les pointes et appuyé sur les talons.

Contre toute attente elle avait l'équilibre et elle tournait.

Contre toute attente elle m'a dit: «Pour mon anniversaire, je voudrais un skate.» Alors soit ça y est, elle a développé le syndrome de Stockholm. Soit elle commence à vraiment bien aimer le skate.

Et je suis JOIE.

Même si en vrai, son moment préféré c'était quand elle le faisait rouler «comme un chariot».

21/10/2020

LES MOMENTS DE GRÂCE

Il y a un truc que j'ai découvert avec les enfants, c'est l'existence des moments de grâce. Un moment de grâce, c'est quelques minutes (rarement plus de deux) où on est pleinement dans l'instant présent et où on se dit: «OK, c'est trop sympa d'avoir un enfant. En fait.»

Souvent il y a le soleil, un enfant qui rit et AUCUN problème à l'horizon. Pas de: «Merde, on n'a plus de coquillettes.» Pas de: «Le dernier bain, c'était ce mardi ou un mardi en 2019?» Ni de: «Tiens, ça fait plusieurs heures que je n'ai pas vu son doudou...» C'est un moment où personne ne pleure, personne ne crie et personne ne demande: «Pourquuuoiii?»

Et en fait c'est très étrange parce qu'il ne se passe rien de particulier. Souvent même, l'enfant se fait oublier. Sauf qu'il est là et qu'il semble heureux. Car ne vous méprenez pas, pour que le moment de grâce ait lieu, l'enfant doit être là. C'est une sorte de petit talisman, une amulette en quelque sorte. Réussir un moment de grâce sans enfant, c'est comme réussir un massage sans masseur. Il faut avoir le bras long.

Je ne sais pas comment expliquer ce phénomène. Il doit sûrement se passer un truc qui nous rappelle notre propre enfance je suppose. Peut-être que l'espace d'un instant, on n'est plus l'adulte mais le spectateur de ce dont nous avons manqué. Car à chaque fois que je ressens cela, je suis en train de transgresser les règles du monde dans lequel j'ai grandi. Ce n'est pas que c'était interdit, c'est juste que ça n'avait pas lieu. Une glace sur un banc à 18h30 en pleine semaine. Les pieds dans l'eau d'un canal où les poissons font souvent la planche. Un petit déjeuner en tête-à-tête dans un bar.

Alors peut-être qu'un moment de grâce, c'est ce qu'on n'a pas eu et qu'on finit un jour par (s')offrir.

25/10/2020

L'AMIE IMAGINAIRE

Figurez-vous qu'aujourd'hui c'était l'anniversaire de l'amie imaginaire de ma fille. Mimi.

Évidemment je n'étais pas au courant. Mimi est plutôt du genre mystérieux: d'aussi loin qu'elle n'existe pas, elle n'a jamais répondu à aucune de mes questions. Heureusement, nous avons un intermédiaire pour communiquer. Parfois, ça a du sens. Souvent pas.

Ce qui est très étrange c'est que pas plus tard qu'hier, j'apprenais que Mimi avait 18 mois, et voilà qu'aujourd'hui c'est son anniversaire. Il y a un truc qui m'échappe mais ça n'a pas l'air de déranger grand monde. Peut-être que les années des amis imaginaires, c'est un peu comme les années de chien: on comprend rien.

On a fait un gâteau, chanté une chanson et soufflé les bougies. Mimi était contente. Il paraît.

En partant, il a fallu faire attention à ne pas écraser Mimi et en même temps, quand je l'ai enjambée, il semblerait qu'elle n'était pas là. J'ai senti que les questions que je lui posais n'étaient pas toujours intelligentes, et cette sensation de ne rien comprendre avait un petit avant-goût de l'adolescence.

C'est allé trop loin au moment où il a fallu sortir le chien de Mimi du coffre de la voiture. Mais je l'ai fait. Évidemment. Et le pire c'est que je l'ai même caressé.

29/10/2020

L'AMIE IMAGINAIRE, LE RETOUR

Vous avez remarqué comme les gens sont sympas jusqu'à ce qu'il faille partir en vacances avec eux ? Bon eh bien avec les amis imaginaires c'est pareil.

Aujourd'hui il y a eu un énorme drame parce que j'ai voulu démarrer alors que Mimi (l'amie imaginaire donc) n'était pas montée dans la voiture. Ma fille a pleuré toutes les larmes de son corps et je me suis retrouvée à expliquer que « pardon mais j'ai du mal à voir Mimi ».

Ma vie m'échappe, je vous assure.

Ça faisait quand même dix minutes qu'elle essayait d'attacher la ceinture de sécurité de Mimi et je ne sais pas combien de bras a cet être qui n'existe pas, mais je crois qu'on n'est pas loin du poulpe.

Une fois arrivées à destination, figurez-vous que Mimi a – je cite – « préféré faire un temps calme » et est donc restée dans la voiture. On ne l'a pas revue de l'après-midi.

Je me suis dit « tout ça pour ça » avant de me rappeler que de manière générale, les enfants, c'est toujours un peu « tout ça pour ça ». Alors j'ai lâché prise comme on dit dans les magazines qui savent tout mieux que tout le monde et j'ai profité de l'absence de Mimi. L'amie qui n'existe pas.

08/11/2020

LE PARADOXE DES VACANCES SANS ENFANTS

La manière de penser à ses enfants quand on n'est pas avec eux, évidemment, elle est complètement biaisée.

Ça me rappelle ce que j'imaginais de la maternité quand je n'avais pas encore d'enfant: quelque chose de fluide, des rires en permanence, une éducation positive et un bilinguisme total dès l'âge de 3 ans.

Franchement, cette liste ressemble à mes grilles à chaque fois que je joue au loto: tout ce que j'ai noté n'arrive pas.

Quand je pense à mes enfants loin de moi, donc, elles me manquent. Ce qui veut bien dire ce que ça veut dire: je suis complètement déconnectée de la réalité.

Mais j'aime bien ressentir qu'elles me manquent – au-delà du fait que ça veut dire qu'elles ne sont pas avec moi – parce que j'ai toujours beaucoup valorisé le manque. Comme le plein a besoin du vide. Comme la présence a besoin de l'absence. Comme le parent a besoin de temps en temps d'être libre, lui-même et derrière une porte des toilettes verrouillée pour se rappeler que sa vie, peut-être, éventuellement, parfois, est un peu fade.

Hier, en les retrouvant après une semaine sans les voir, j'ai cru que la dernière ne me reconnaissait pas. Neuf mois dedans, huit dehors et l'enfant a un doute.

Moi pas.

Elle a bien l'ingratitude de ces enfants qui ne manquent de rien. Surtout pas d'amour.

Freedom

12/11/2020

LA FAMILLE NOMBREUSE

Ma fille aînée a appelé sa poupée du même prénom que sa sœur. Comme s'il n'y avait pas assez de prénoms sur cette terre pour en choisir un autre que celui-ci. Du coup, entre ça et son amie imaginaire, je ne vous dis pas l'incompréhension qui règne parfois dans cette famille.

En plus, par un concours de circonstances qui m'échappe, cette poupée est ma petite sœur à moi. Apparemment. Et comme ma fille ne maîtrise pas totalement l'emploi du «je», du «tu», du «ma» et du «ta», quand elle raconte des histoires, je passe mon temps à demander: «On parle de qui?» On devient fou. Vraiment.

On se retrouve aussi, parfois, à croire qu'on a oublié un être humain alors qu'il s'agit simplement d'un être en plastique, et croyez-moi, le stress n'est pas le même. Ou alors si, jusqu'à ce qu'on se rende compte que ce n'est pas grave, parce que celle qui est restée sur place peut passer plusieurs heures en plein soleil par 40 degrés sans qu'aucun organisme spécialisé dans la petite enfance n'entame de poursuites à notre encontre.

Cette poupée, en plus, n'est pas facile à vivre. Déjà, elle a toujours froid, vu la tonne de vêtements que la vraie enfant pique à sa petite sœur pour lui mettre sur le dos, et puis, évidemment, elle est un peu feignante. Je ne l'ai pas vue une seule fois proposer de l'aide, ne serait-ce que pour débarrasser la table.

Entre les deux enfants, l'amie imaginaire et la poupée, on n'est pas loin de la famille nombreuse alors qu'à ma connaissance, il n'y a eu que deux accouchements.

Sachant qu'en plus, depuis plusieurs jours, Archie, une petite fille qui vit dans la montagne, est aussi parmi nous, ainsi qu'une certaine Mouniacoloné (ou Mounia Coloné, je ne sais pas – j'espère qu'elle ne me lira pas).

Le mois d'août se termine et prions pour que l'ensemble de la colonie qui vit avec nous reprenne le chemin de l'école. Prions.

15/11/2020

ELLE MARCHE

Cette petite fille aura 11 mois dans trois jours et elle marche. Je ne dis pas ça pour qu'on la trouve géniale (elle l'est) ni pour participer à cette course effrénée dans laquelle se lancent parfois certains parents.

Je vous dis ça car je suis la première surprise. Et aussi parce que je n'y suis pour rien. On n'y est pour rien. C'est elle. C'est elle et le combat qu'elle a choisi. Marcher. Pas avoir une dentition de rêve par exemple. Mais marcher oui. Elle se lève, tombe, se relève, tombe encore. Et se relève, toujours. Elle pousse des chaises, elle contourne le canapé, elle lâche une main. Deux mains. Elle essaie de se lever sans appui et ça a l'air très dur, mais ce n'est pas important. Elle le veut très fort. Elle est là, dressée au milieu du salon. Le nez tendu vers l'aventure. Je l'appelle mon suricate et ça lui va si bien.

Elle sera l'enfant qui a marché avant ses 11 mois et une fois adulte, elle se raccrochera peut-être à ça, parfois.

Pour faire la conversation au milieu de la nuit, avec un homme ou une femme à qui elle aura déjà tout dit. Peut-être quand elle doutera d'elle. Ou bien quand elle sera en retard et qu'elle aura besoin de se rappeler qu'elle a déjà su être en avance.

Elle se faufile dans la vie, construisant jour après jour les lignes de son identité. Ce qui fait ce qu'elle est, ce qui fera ce qu'elle deviendra. Sa légende en quelque sorte. Ses anecdotes. Ces petites choses un peu différentes qui la définiront.

C'est un détail dans une vie, mais nos vies ne sont de toute façon que des détails. Elle est l'enfant qui a marché juste avant ses 11 mois. Et ce sera toujours vrai. Même à ses 100 ans.

19/11/2020

LE DÉMÉNAGEMENT PART I

Parfois je regarde les pigeons dans les parcs parisiens. Ils sautillent nonchalamment sur leur moignon, le regard hagard et plein de maladies, leur bec fendu d'avoir trop frappé le bitume. Je les regarde et je me dis qu'il faut être bête quand même, pour être un pigeon et choisir Paris, alors qu'il est possible de voler n'importe où.

Je les regarde et sans doute me regardent-ils en pensant la même chose. Sans doute même m'ont-ils trop regardée. Alors, ce soir en rentrant j'ai dit: «On déménage.»

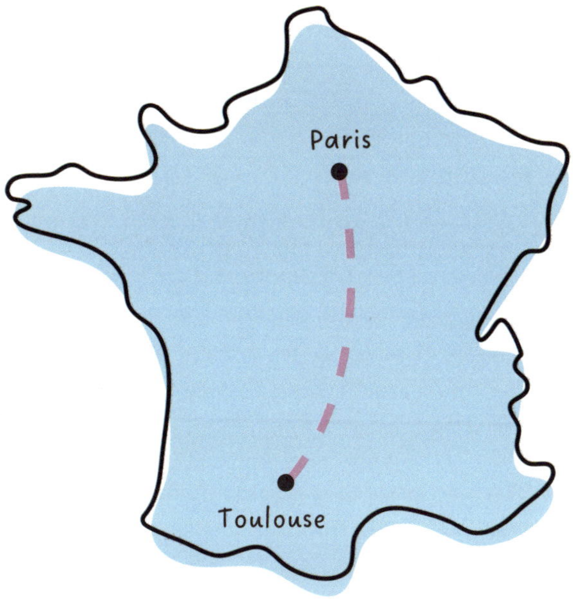

LE DÉMÉNAGEMENT PART II

Quelques jours avant de récupérer le camion de 30 mètres cubes que nous avions loué, une dame m'a appelé pour me dire qu'il était en panne, et que ce serait donc un 20 mètres cubes.

Comme ça.

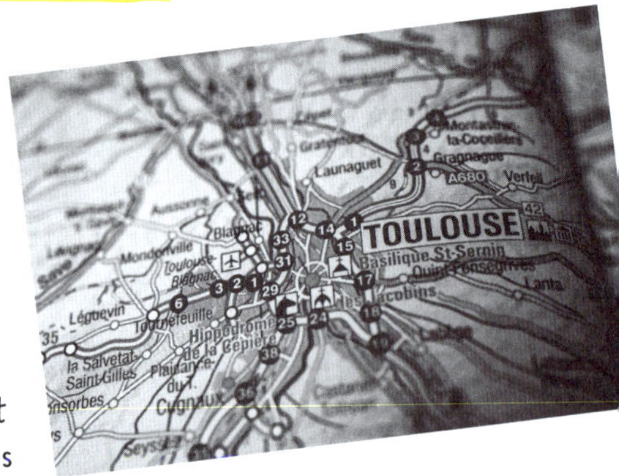

Comme si réduire sa vie d'un tiers était aussi simple qu'un coup de téléphone.

Alors on a joué à Tetris, mais comme toujours à ce jeu, à la fin ça dégénère.

À la fin ça dégénère et on jette tout par-dessus le reste, notamment des trucs que l'on ne se souvenait même plus avoir et que l'on jettera dans un camion de la même manière au prochain déménagement.

Parce que, évidemment, on ne sait jamais.

Dans les déménagements, il y a les « on ne sait jamais » qui encombrent les camions, mais il y a aussi les « ça peut toujours servir ». Et c'est très étrange, parce qu'en réalité « on sait toujours » : ça ne sert jamais. Mais on s'entête quand même.

Alors, on garde une béquille, des fois que l'envie de boiter nous prendrait. Un vieux tabouret parce qu'on a prévu de continuer à s'asseoir. Et puis ce tableau parce qu'il dépassait de la poubelle et que celui qui l'avait acheté a vu que je l'avais jeté « par erreur ».

On se retrouve avec un camion à l'image de notre vie. Plein de bonne volonté à la base, mais qui finit par partir dans tous les sens. On jette un regard en biais à nos enfants, on se dit que ce concept nous rappelle quelque chose...

Mais bon. Cela ne nous empêchera pas d'arriver à destination.

LE DÉMÉNAGEMENT PART III

29/11/2020

CE QU'ON RÉPÈTE AUX ENFANTS

Cette enfant dit désormais «Maman» mais bien avant maman, ce qu'elle a dit c'est: «Attends.»

«Attends», parce que c'est ce que je lui répète à longueur de journée, elle qui ne le veut surtout pas justement. Attendre.

Je me doute que c'est ce que répètent tous les parents d'un enfant de 9 mois. «Attends», «Pas dans la bouche» et «6 × 7, 42, pas 46».

Ça m'a fait penser à ce que me répétait ma mère, à moi, plus tard, quand j'avais une personnalité et pas une succession d'étapes préétablies par le développement naturel des bébés.

Ma mère me répétait continuellement de «réfléchir avant d'agir». Sûrement parce que je me faisais beaucoup mal. Et que je sais aujourd'hui que je lui faisais aussi beaucoup mal par la même occasion. L'empathie d'un enfant envers sa mère s'ajuste bien trop tard à mon avis.

Ma mère, donc, me disait de réfléchir avant d'agir et c'est par extension, je crois, que je me suis dit qu'il fallait que je réfléchisse avant de parler. Car je tombais aussi très souvent dans mes phrases et c'était bien plus grave car avec les mots, je blessais les autres.

Je pensais à ça donc, alors que ma fille me répétait «attends-attends-attends» d'un air narquois et je me demandais si les répétitions de notre enfance ne devenaient pas des chemins que l'on ne choisit pas vraiment d'emprunter.

Aurais-je choisi le métier d'écrivaine si je ne m'étais pas fait mal aussi souvent, enfant? Écrire pour prendre le temps de réfléchir avant de parler, pour ralentir ma pensée au rythme de mon stylo. Écrire pour ne pas tomber. Ni seule, ni accompagnée.

01/12/2020

JE T'AIME

Cette petite fille m'a dit qu'elle m'aimait. Comme ça, dans le couloir de notre appartement. Son père ne lui avait pas demandé de le faire et moi non plus, je ne lui avais pas demandé. Comme quoi, il faut peut-être arrêter de harceler les gens au final.

Pas de question « est-ce-que... », pas de chantage, pas de rébus. Pas d'ordre non plus. Elle l'a dit comme ça, entre la poire et le fromage, mais sans poire et sans fromage.

Je me suis toujours demandé comment les parents arrivaient à ça, à ce genre de phrases spontanées, sans utiliser de menace ou de coffret Polly Pocket. Et franchement, maintenant que je suis de ce côté-ci du monde, je n'en sais toujours rien.

Enfin si. Un peu quand même. Cette petite fille a 3 ans et demi et elle est à l'âge où elle répète tout ce que je lui dis. Il y a des ratés. Et il y a des je t'aime.

06/12/2020

LES TOURS DE MAGIE

Depuis quelque temps, mon mec s'est mis à la magie. À la base, l'idée était de faire disparaître la tétine. En tout cas je crois. Elle disparaissait mais elle finissait toujours par réapparaître parce que sinon c'est pas de la magie, c'est de la perte. Et ça, c'est juste notre quotidien.

Elle réapparaissait aussi, parce qu'un enfant pleurait, et que bon. À la base, c'était un spectacle.

Je ne prends pas trop part à tout ça, parce que moi la magie, j'ai jamais trop aimé ça. Ça m'énerve toujours un peu de me faire arnaquer par un pickpocket qui a décidé d'être honnête. Car la plupart du temps, un magicien, c'est surtout un repenti.

Mais ma fille n'est pas du même avis. Elle adore les tours de magie de son père. Elle rit, elle dit: «Elle est où?», et elle n'en revient pas qu'une tétine disparue dans une main puisse réapparaître derrière une oreille.

L'autre jour à table, j'étais pas hyper concentrée et elle m'a fait un tour de magie. Elle a fait disparaître Polly de Polly Pocket. J'ai dit: «Elle est où Polly?» et elle m'a dit qu'elle l'avait fait disparaître. J'ai dit: «Oui mais où?» Elle m'a dit: «Je sais pas.»

Bon. Je lui ai rappelé que Polly était microscopique, pile poil la taille d'une fausse route dans la gorge d'une petite sœur d'un an mais elle n'avait pas l'air de trouver ça très inquiétant. «C'est pas grave, elle va réapparaître. C'est de la magie.»

C'est à ce moment-là que j'ai vu la petite sœur partir en douce de la cuisine, tel un Polly Pickpocket. Je commence à la connaître même si ça fait qu'un an qu'on se côtoie. Et depuis qu'elle marche, elle court. Principalement pour nous échapper. Et si vous voulez mon avis, Polly avait disparu derrière une oreille, car elle a bien réapparu dans une main. Une main en fuite.

08/12/2020

AVOIR DEUX ENFANTS UNIQUES

Celui qu'on laisse un peu plus naviguer sans surveillance et qui se retrouve perché comme un oiseau en un clin d'œil. Celui pour qui on part acheter des chaussures pointure 19 parce que la première ne s'est levée qu'à 20.

Le deuxième enfant, plus pressé. Obligé, peut-être, de faire «mieux» pour se faire remarquer.

L'enfant qui a moins de photos. Moins de temps, moins de cadre, moins de calme. L'enfant qui a moins mais qui semble pourtant avoir tellement plus.

L'enfant qu'on comprend plus vite. L'enfant qui va moins chez le médecin. Et l'enfant qui sera moins inquiet, inévitablement. Mais plus impatient peut-être.

L'enfant qui ne porte pas la responsabilité du changement de vie de ses parents mais qui ne saura jamais à quoi ressemble le regard de ceux qui découvrent pour la première fois.

Le deuxième enfant. Celui dont on ne se doute pas qu'il puisse être aussi unique.

10/12/2020

L'AMIE IMAGINAIRE, LE RETOUR 2

Quelques nouvelles de Mimi, l'amie imaginaire. Bon eh bien c'est officiel, elle repart en vacances avec nous. Ce qui est très étrange car nous avons appris, pas plus tard que tout à l'heure, qu'elle vivait chez Francis Cabrel.

On n'en sait pas plus.
On ne comprend pas tout.
On est même un peu perdus.

C'est-à-dire que celle des deux qui est bien réelle (notre fille) n'a que 3 ans et qu'elle ne sait même pas mon nom de famille. Alors quand elle a sorti ce nom complet – Francis Cabrel – qu'on ne prononce pourtant pas à longueur de journée par ici, on a cru mal entendre. Mais non. Francis Cabrel c'est Francis Cabrel. Même avec l'accent de la troisième année de vie: celui qui fait pas mal répéter les choses, avouons-le.

Du coup, on lui a fait écouter quelques chansons en lui expliquant que Francis Cabrel, c'était lui. Eh bien figurez-vous que non. « Non quoi ? » me direz-vous. Non, Francis Cabrel n'a pas écrit et chanté ces chansons. Théorie du complot, usurpation d'identité, étape normale de l'évolution de l'enfant ? On ne saura jamais.

En revanche ce qui est sûr, c'est que dès qu'on sort de tout ça, je n'hésiterai pas à frimer en société: l'amie imaginaire de ma fille avait la possibilité de partir en vacances chez Francis Cabrel et elle a préféré partir avec nous. Voilà.

15/12/2020

FRIDA KAHLO

Ce matin elle a pris un livre et elle a dit: «Frida Kahlo, elle a eu un accident.» C'est ce que je lui ai raconté hier en me disant que, bien évidemment, elle était trop petite pour comprendre cette histoire.

Mais ce matin, ces mots: Frida Kahlo. Ces mots qui sortent de sa bouche si petite et qui, pourtant, passent sans problème, sans cogner nulle part. Sans s'abîmer.

Frida Kahlo.

L'espace d'un instant j'ai eu l'impression d'être un présentateur télé en face du super champion de mon émission et je me suis dit «elle est surdouée c'est sûr» et bien entendu qu'elle l'est. Qui ne l'est pas?

L'entendre dire ce nom propre, ça m'a fait un peu le même effet que l'entendre prononcer «Francis Cabrel» mais en beaucoup, beaucoup plus touchant.

C'est-à-dire qu'il y a trois ans, je ne connaissais pas l'existence de Frida Kahlo et 3 ans, c'est son âge à elle. J'ai l'impression qu'elle sait déjà tellement plus de choses que moi, que le monde est prêt à lui en enseigner davantage et à lui laisser plus de place aussi, pour qu'elle le comble de sa présence, de sa personnalité. Elle sait pour Frida, elle sait pour Simone, elle sait pour Coco. Alors elle sait pour elle aussi, c'est sûr.

Elle est trop petite parce que le monde est trop grand. Mais jamais, jamais elle ne sera trop petite pour comprendre qu'elle peut faire tout ce qu'elle veut. Même ce qui est trop compliqué.

16/12/2020

LA VENTOUSE

La plus petite de ces deux petites filles adore fouiller. Elle fouille partout. Surtout dans les poubelles. Elle peut rester des heures à se faire oublier, les mains dans on ne sait pas trop quoi, à manipuler des objets comme on rembobine une VHS. Elle prend, elle pose, elle prend, elle pose. Elle pose ? Elle prend.

Mais sa pièce préférée c'est sans doute les toilettes et nous savons dès à présent qu'elle ne sera pas aussi propre que sa sœur. Elle tiendra plutôt de sa mère.

Elle aime regarder dans les toilettes, toucher la cuvette et surtout, attraper la ventouse. Sauf que si pour vous la ventouse est une ventouse, pour la plus grande des petites filles, c'est une plante. Elle se met donc à hurler « c'est ma plante ! » chaque fois que le petit format tente de s'en emparer.

Évidemment elle pleure : c'est sa plante.

Je lui explique donc, ventouse à la main, qu'elle peut prêter sa plante, que sa petite sœur ne va pas l'abîmer.

Mais non.

Il est interdit de toucher à la plante. On se croirait dans un jardin public parfois, ou pire dans une cour d'immeuble. Car franchement, je ne sais pas à quoi servent les cours d'immeuble : tout y est interdit.

Les vélos, les affiches, les enfants. Les soirées d'anniversaire, les talons sur le parquet et le linge qui sèche à la fenêtre.

Je ris chaque fois qu'elle appelle cette ventouse « ma plante » car ce n'est rien d'autre qu'un débouche-chiottes mais elle l'adore. C'est sa plante. Et après tout, elle en a bien le droit puisque l'enfance c'est aussi beaucoup d'interdits.

L'enfance, si on ne lâche pas un peu de mou, ça peut vite ressembler à une cour d'immeuble.

19/12/2020

CE QU'ON FERAIT PAS...

Ce lundi matin, la journée a commencé à 5h48 par un enfant qui avait envie que je lui caresse le ventre avec les oreilles de son doudou. Mes premiers mots de la semaine ont donc été «non et ce n'est pas négociable», avec la même poigne que j'ai sur Vinted quand on me propose d'acquérir mon pull en alpaga à 3 € au lieu de 4.

Ensuite j'ai voulu qu'elle mette cette paire de chaussures que j'ai achetée en 25 à une époque où elle chaussait du 24 alors que j'étais convaincue qu'elle faisait du 25. Que voulez-vous, on ne peut pas retenir tous les nombres de la terre non plus. Cela fait donc bientôt six mois que je lui fais essayer ces baskets tous les deux jours et que je lui dis «ah non trop grandes» à chaque tentative. Sauf que maintenant elles lui vont bien mais qu'elle croit que le jeu c'est de dire «non trop grandes» et de ne pas les mettre. Elle ne veut donc pas les mettre.

Mais ce matin j'ai enfin réussi à les lui faire garder aux pieds. C'est-à-dire que je ne suis même plus sûre qu'elles lui vont encore et que je n'ai pas du tout envie de les vendre 3 € négociées 2,50 € sur Vinted.

La rentabilité avant le bien-être de nos enfants, bien évidemment.

Pour la convaincre, beaucoup de chantage bien sûr. Des oreilles de doudou qui caressent le ventre dans des créneaux horaires bien définis. Et aussi, mettre les mêmes chaussures qu'elle. Puisque j'ai les mêmes.

Sachez que je ne suis pas fan du matchy-matchy comme on dit dans le milieu. Sur les autres ça va, mais moi j'ai l'impression d'avoir un clone miniature, un problème d'ego et un air très ridicule. Mais j'avais envie qu'elle mette ses chaussures et surtout qu'elle aille à l'école. Alors parfois c'est non négociable. Mais parfois le plus important c'est que les choses partent. À l'école.

22/12/2020

TOUT EST SOUS CONTRÔLE

La journée a débuté à 6h10 par un enfant qui appelait sa grand-mère. Évidemment elle n'était pas là. Nous, si.

J'aurais dû me douter que ça partait mal quand elle a voulu me lire une histoire et qu'elle a commencé par: «Il était une fois un papillon très très très mort.»

Vers 16 heures, on s'est dit: «Tiens, si on faisait un tour de vélo?» On avait trois heures et 20 kilomètres devant nous, on était larges. Figurez-vous qu'on ne l'est pas tant que ça lorsqu'on passe la première heure à chercher les clés du cadenas entre la porte de l'appartement et le vélo.

Finalement on est partis se promener en voiture, c'est bien aussi, la voiture. Il faut juste trouver les bons mots pour expliquer à sa fille de 3 ans et demi qu'on ne veut pas littéralement tuer ce monsieur garé en double file dans cette rue à sens unique avec des poteaux en métal sur le trottoir. Ce qui est très difficile car de nos jours, plus personne n'utilise de manière correcte le mot «littéralement».

L'horloge tournait et pourtant nous étions toujours en novembre. De toute façon, il n'y a plus de saison. C'était donc le meilleur moment pour acheter le sapin.

La personne qui a perdu les clés a dit: **«Je veux un sapin plus grand que moi.»** Sans doute avait-elle – en plus des clés – aussi perdu la notion de l'argent. Mais surtout, besoin d'un grand réconfort.

Sachez donc que cette année, nous avons le plus gros sapin du monde. On ne sait pas très bien si c'est de l'argent perdu ou de l'argent jeté à la poubelle. Mais ce n'est pas bien grave puisque c'est à peu près la même chose. Car chez nous, les choses perdues, on les retrouve dans la poubelle.

27/12/2020

UNE SEULE SECONDE

Hier j'ai demandé à mon mec pourquoi on avait fait des enfants. Je veux dire: pourquoi un? Et puis pourquoi deux?

L'autre jour j'étais dans la queue d'un magasin, avec cette petite fille de 3 ans et demi qui serrait fort son calendrier de l'Avent contre sa poitrine et une dame me lance: «Profitez-en. Après ce n'est plus pareil.»

J'avais envie de lui dire que j'espérais bien oui, car j'allais pas tenir longtemps. Que ce matin j'avais saigné du nez et que là, présentement, je venais de reposer six patates avec les patates et huit clémentines avec les clémentines parce que la file d'attente à l'étage était démentielle. Que j'avais fait tout ça bien poliment sans mélanger les patates et les clémentines, et même en pliant le sac en papier pour que quelqu'un puisse s'en resservir. Et que pourtant, force était de constater que j'étais quand même dans une file d'attente, un étage plus bas.

Apparemment les patates et les clémentines ça se repose, mais pas les calendriers de l'Avent.

Mais j'ai rien dit et la dame est partie avec ses souvenirs biaisés et son air mélancolique.

On est rentrées et j'ai caché le calendrier de l'Avent parce que franchement, expliquer qu'il faut attendre le 1er décembre à un enfant qui ne comprend pas encore très bien que le week-end, statistiquement parlant, ça ne peut pas arriver dès le premier jour d'école, c'était au-dessus de mes forces. De toute façon, elle n'y pensait déjà plus.

J'ai dit: «Pourquoi on fait des enfants?» et mon mec n'a pas su répondre. On a préféré dormir du coup, car la nuit porte conseil, et parfois, du repos.

Au réveil, elle m'appelait. Elle m'appelait pour me dire qu'elle était trop contente parce que hier on avait fini le dentifrice et qu'on allait donc pouvoir commencer le nouveau. Exactement le même, mais plein. Et puis elle m'a fait la liste de tout ce qui la rendait heureuse en sautant sur place comme un kangourou désarticulé et c'était vraiment une sélection étonnante. En tout cas moi, je n'aurais pas pris ça. Et je suis sûre que Didier Deschamps non plus d'ailleurs.

Je me suis couchée à côté d'elle et j'ai écouté ses petits bonheurs en me disant qu'on faisait des enfants pour ces secondes au milieu de l'éternité.

un joyeux bordel

2021

04/01/2021

LE MYSTÈRE DE LA PERSONNALITÉ

On la cherche et elle est dans la pièce opposée à celle dans laquelle on se trouve. Elle sursaute dès qu'on la surprend comme si elle nous cachait déjà des trucs. Et ça va, tant que ce n'est pas une haleine alcoolisée.

Sa passion c'est de porter des objets. Elle porte des objets. Tout le temps. Elle marche jamais les mains vides et j'imagine que je ne lui crierai jamais: « Ne repars pas les mains vides » quand elle se lèvera de table dans notre immense propriété familiale qui n'existe pas.

Elle est facile tant qu'elle est d'accord et on a de la chance: elle est souvent d'accord.

Elle se dresse comme un suricate. Monte sur tout ce qu'il est possible de monter. S'accroupit comme un singe. Touche à la visseuse et sursaute, encore, quand on prononce son prénom. Elle connaît l'interdit. Mais elle s'en fout.

Elle dit « maman », elle dit « papa », elle dit « au revoir ». En tout cas une fois, j'ai cru l'entendre. Mais il y avait des travaux dans la rue.

Elle rit et elle danse dès qu'il y a quelques notes de musique et parfois c'est juste que j'ai éternué trois fois.

Elle a des oreilles. Mais pas sûr qu'elles soient musicales.

Elle a des yeux si vifs qu'ils pourraient être un nom d'Indien, des cheveux qui suffiraient à un homme dans la soixantaine et deux dents. Juste deux dents. Mais ça pourrait aussi suffire à un homme dans la centaine.

Elle est cette petite fille. Et on a de la chance de l'avoir.

08/01/2021

POURQUOI ON FAIT DES BÉBÉS?

Un jour on a voulu un enfant. Et j'aimais bien cette idée. Avoir un enfant. Être un couple avec un enfant. Cette pyramide inversée.

Avec cette enfant j'ai fait beaucoup de choses. J'ai pris le train, l'avion, le taxi. J'avais cette enfant sous le bras. Cette enfant en bandoulière. Partout tout le temps.

Un jour j'ai failli rater un train et quand j'ai repris mon souffle, je me suis dit qu'avec deux enfants, je l'aurais loupé. Je me suis dit aussi que deux enfants, ce n'était plus un couple avec deux enfants mais c'était une famille et ça faisait peur. Ça faisait monospace. Ça faisait «mes enfants». Ça faisait comme ma mère.

Ce n'était plus une pyramide mais un carré, et les carrés c'est pas mon truc. Je ne suis pas carrée.

Et puis un enfant c'est dur, alors deux enfants, c'est deux fois plus dur. Deux fois plus angoissant, deux fois moins de temps.

Mais voilà. Je voulais un deuxième enfant. Plus parce que je n'imaginais pas n'en avoir qu'un. Et plus parce que je n'imaginais pas priver la première d'un petit frère ou d'une petite sœur. Pas de super bonnes raisons donc.

Mais on a fait ce deuxième enfant.

Cela fait un an que ce deuxième enfant existe. Un an que tout est deux fois plus simple, deux fois plus doux. Deux fois plus évident. Elle est venue et elle a tout équilibré. C'est étrange mais c'est comme ça.

Avec un enfant, on fait un trait sur sa vie d'avant. Avec le deuxième, le trait est déjà fait. Alors on récolte juste l'amour supplémentaire.

Je me suis longtemps demandé pourquoi on faisait un enfant. Et puis en fait, c'est juste qu'il faut en faire un pour en avoir deux.

11/01/2021

LE PAPIER TOILETTE

Figurez-vous qu'aujourd'hui, d'après l'enfant numéro 1, c'est l'anniversaire du papier toilette. Je ne sais pas si vous avez pensé à le lui souhaiter mais vous feriez mieux de le faire car je vous rappelle que notre amour pour lui a été très fort courant mars 2020. Et on ne sait pas, non, vraiment, on ne sait pas de quoi l'avenir sera fait. Peut-être de papier toilette rancunier.

Aujourd'hui aussi, il a neigé. Et il paraît que ce qui est blanc et qui tombe du ciel c'est de la neige mais que le verbe, c'est «neigeoir». Sans doute une histoire du troisième groupe, celui dans lequel on fourre tout ce qui n'est pas très carré. Sachez que si j'étais un verbe, je n'aimerais être ni dans le premier, ni dans le deuxième groupe, ça a l'air bien trop strict et pas très fun. J'imagine que dans ces groupes il faut ôter ses chaussures quand on entre et déjà, ce mot «ôter» ne présage rien de bon. Alors que le troisième groupe, on doit bien rigoler. Ou rigoloir je ne sais pas.

La dernière annonce de la journée a été de me dire qu'en fait, elle aimait les oignons. Je vous assure, on était pas loin du coming out tant cette annonce fut solennelle. Et aussi parce que, ça fait des mois et des mois qu'elle s'étouffe à la moindre lamelle d'oignon dans son gosier.

Bien sûr je lui ai dit qu'elle pouvait aimer les oignons et même les échalotes, qu'elle serait toujours ma fille et que je l'aimerais pareil. Elle s'en fichait bien sûr. Elle avait d'autres préoccupations. Dehors il neigeoyait et c'était l'anniversaire du papier toilette.

14/01/2021

LA GALETTE DES ROIS

On nous prévient de beaucoup de choses quand on devient parents. Les nuits, la patience, le divorce. Mais il y a un truc qu'on ne nous dit pas, c'est que plus JAMAIS de la vie on aura la fève. Et ça, c'est un coup dur qui débarque quand on croit avoir passé le plus difficile. Ma vie est désormais une galette sans fève. Vaut-elle la peine d'être vécue ? Je ne sais pas, je ne sais plus. Laissez-moi du temps pour m'en remettre, je suis encore sous le choc de cette révélation.

18/01/2021

ÊTRE LIBRE

Ne devrions-nous pas tous être heureux comme cette enfant qui croit être la réincarnation de Céline Dion, Céline Dion qui, bien évidemment, n'est pas morte ?

Parfois je la regarde, avec ses deux dents de devant qui ne poussent pas à la même vitesse, et j'imagine déjà ce qu'elle sera plus tard. Au-delà de sa dentition je veux dire.

Ce qu'elle sera en tant que petite fille et puis en tant que femme, surtout. Parce qu'un jour, ces 76 centimètres d'enfant qui se jette à plat ventre dans une piscine à balles, ces 76 centimètres seront une femme. Elle marchera dans la rue, elle répondra à son téléphone, elle aura un avis sur des choses importantes et sur d'autres beaucoup moins. Elle passera des heures loin de moi et ça ira. Pour elle, ça ira.

Je la regarde et la seule chose que je vois c'est sa liberté. Elle est si libre. Je sais bien que tous les enfants sont libres, c'est bien ça le problème, mais elle, c'est plus que ça encore.

Je le sens, je le sais. Son truc à elle, ce sera avant tout l'incarnation de la liberté.

Freedom

21/01/2021

LA MONTAGNE ÇA NOUS GAGNE PAS TROP

Comme en atteste la photo, tout le monde a été très heureux pendant ce séjour à la montagne. Mais pas en même temps.

Quand je pense que normalement, le principe de tout ça, c'est que ceux qui pleurent parce que la neige est trop froide sont EN PLUS censés tenir sur des skis, ça me paraît être la pire semaine d'une vie. Sauf que c'est des vacances. Et qu'en plus, c'est payant.

On est restés 36 heures sur place. En 36 heures, on a mis 17 fois la même paire de gants à la même petite personne. Une autre petite personne a été repêchée par les pieds dans une fente entre un canapé et un mur. Une tartiflette a été redéposée directement dans l'assiette après avoir fait un tour dans l'estomac. Et puis il y a eu beaucoup de déceptions concernant les bonshommes de neige car c'est toujours pareil : la neige c'est froid.

La neige c'est froid !

On a donc appris la différence entre un épisode de Petit Ours Brun à la neige et la vraie vie, et on s'est demandé, du coup, si notre propre enfance n'avait pas été un grand dessin animé… ou bien si le temps n'a pas ce pouvoir de changer nos souvenirs en merveilleuse fiction.

24/01/2021

JOUER À CACHE-CACHE

En ce moment par ici, on compte beaucoup contre les murs. Sachez que si après la pluie vient le beau temps, après le quinze vient le dix-sept. C'est comme ça. Il ne faut pas chercher à comprendre. Ni à expliquer d'ailleurs. Tenter d'expliquer l'existence du seize à une enfant de 4 ans me paraît plus compliqué que de prouver la présence de la démocratie aux États-Unis en 2020. C'est dire.

L'évolution d'un enfant pourrait être mesurée avec le jeu du cache-cache.

Au début, je comptais et quand je me retournais, elle était toujours là à me regarder comme une petite carpe sortie de l'eau. Et puis il y a eu la période où elle se cachait à l'endroit où je venais de me cacher, suivie de celle où elle se cachait exactement là où elle venait de le faire. Huit fois d'affilée.

Maintenant elle se cache dans des endroits innovants et je la cherche. Pour de vrai. J'ai même parfois ce sentiment aberrant d'avoir un peu peur de l'avoir perdue. Alors qu'on est dans la maison. Et qu'il y a une bosse informe sous la couette.

Un jour je la chercherai et elle ne sera plus là. Ni elle, ni ses affaires.

Alors en attendant je fais semblant d'être extrêmement contente de la retrouver, car un jour ce sera pour de vrai.

28/01/2021

INSISTER UN PEU

À quoi reconnaît-on une enfant qui ne fait pas de skate mais qui a une mère qui tente désespérément de faire croire le contraire?

Oh trois fois rien. Une histoire de bon sens j'imagine.

Mais si la vie n'a pas de sens, pourquoi le skate en aurait-il un?

23/02/2021

LE NID-DE-POULE

1 Vendredi soir, on a décidé de regarder Koh-Lanta car aucun de nous deux n'avait la force de changer de chaîne. À un moment, Denis Brogniart a dit qu'il était possible de gagner 4 000 € par mois pendant cinq ans et j'ai trouvé que c'était une bonne idée. Alors j'ai envoyé 2 au 71414 et je ne pensais pas qu'un jour dans ma vie j'écrirais cette phrase. Et puis si. Au point où on en est de toute façon. Ce qui m'a fait penser qu'un jour, j'ouvrirai un bar que j'appellerai « Le point où on en est » et je pense qu'on y sera tous.

2 Samedi, j'ai perdu dix euros en faisant le marché et j'ai tenté de relativiser : le 3 octobre 1995, dans la rue des Pavillons à Albi, j'ai trouvé un billet de 200 francs. Je suppose qu'il était temps de commencer à rembourser ma dette envers l'univers. Encore trois samedis à perdre dix balles donc.

3 Ici, une petite fille de 15 mois dit non à tout. Le jeu actuel de nos vies trépidantes consiste à poser les questions les plus absurdes et l'entendre dire non. Pour info, elle n'a pas voulu conduire. Ni aller aux Seychelles. Ni recevoir son poids en bonbons. Dommage pour elle.

4 Une autre petite fille s'amuse à faire un slalom géant à vélo sans petites roues. La regarder m'a rappelé l'époque où on buvait trop d'alcool dans les bars et qu'il fallait rentrer chez soi. Parfois, c'était plus tard que l'heure à laquelle on se fait réveiller par cette même enfant.

5 Mon mec m'a laissé tous les quignons de pain sur l'ensemble du week-end ce qui, rappelons-le, est égal à deux jours. Tout de même. Et je me suis dit que c'était ça, l'amour à l'âge adulte avec des enfants en bas âge. Quatre quignons de pain.

6 Dimanche, sur la route, j'ai prononcé la phrase : « Attention au nid-de-poule » et j'ai trouvé que, vraiment, le point où on en est était plus bas que ce que je pensais.

08/03/2021

LES PANSEMENTS

Il y a des phrases qu'on ne pensait pas prononcer un jour et puis on a des enfants et d'un coup, on prononce tout et n'importe quoi sans être sûr de savoir ce qu'on vient juste de dire.

Ce week-end, j'ai décrété que les pansements, ce serait toujours oui. Même pour une trace de feutre rouge qui fait horriblement mal puisque de toute évidence, ça saigne.

Car ce week-end j'ai acheté des pansements à têtes d'animaux et vous n'imaginez pas le bien que ça m'a fait de voir ce lapin vert sortir de sa boîte. Alors que j'ai 33 ans.

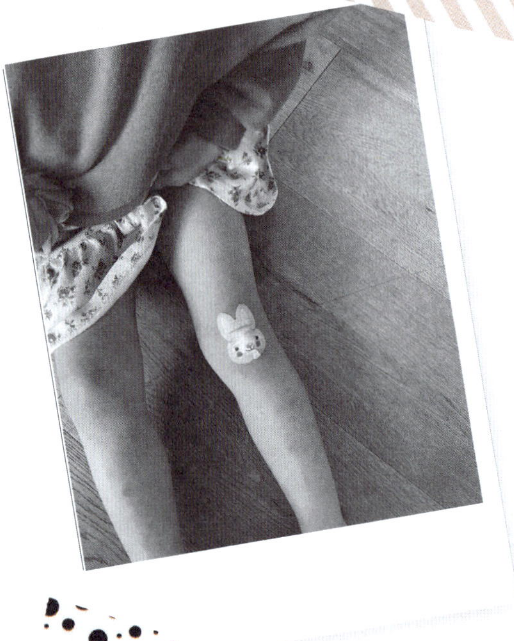

Pour elle, le degré d'excitation était tel qu'elle ne savait même plus où coller le truc et j'ai vu le moment où il atterrirait en plein sur le nez plutôt que le genou car bon, qu'est-ce qui se voit mieux qu'un nez au milieu de la figure ? Un lapin vert bien sûr.

À cette minute précise, je me suis dit que les pansements ça serait une fête à laquelle on irait toujours.

Je me suis dit que ce bout de sparadrap qui ne sert pas à grand-chose était, en fait, une invention qui aurait mérité un prix Nobel de médecine. C'est peut-être d'ailleurs le cas, on ne sait pas.

Un pansement, c'est de l'affection qu'on colle sur un genou. Une réparation de la moindre égratignure et réparer la moindre égratignure c'est dire à quel point on est précieux.

Un pansement c'est une diversion, de la joie sur des pleurs, une chanson de la Compagnie créole.

Un pansement, c'est bon pour le moral alors ce sera toujours oui. « Oui » dans un monde beaucoup trop plein de « non ». Et pas assez plein de lapins verts.

17/04/2021

PÂQUES DES PROBLÈMES

Samedi soir, une enfant de 15 mois dont je tairai l'identité a refusé de s'endormir. À 3h23 heure locale, elle a HURLÉ, si fort, si fort, que j'ai dû aussi aller rendormir le voisin.

L'autre enfant, celle-de-presque-quatre-ans, s'est évidemment réveillée et a commencé à nous parler des cloches, des œufs en chocolat et des lapins dorés pendant deux heures. Deux heures pour de vrai. Elle était tout simplement en burn-out de Pâques. Mais ça va parce que quand elle parlait, elle chuchotait. Elle chuchotait fort certes mais elle chuchotait.

Dimanche, à 7h30, j'ai averti que les cloches n'étaient pas encore passées. Ma fille a alors pointé du doigt un petit panier rose accroché à une branche qu'elle voyait par la fenêtre.

Ça nous apprendra à ne pas procrastiner comme tout le monde.

J'ai alors dû expliquer que surprendre les cloches en train de poser les œufs pouvait constituer un motif de licenciement pour faute grave et que le marché de l'emploi était déjà assez précaire pour elles, en tant qu'intermittentes du spectacle, sans en plus devoir en rajouter. Et l'idée a tenu. Jusqu'à 8 heures.

À 8h07, l'enfant qui n'a que quatre dents avait mangé deux œufs en chocolat, soit bien plus que le total d'une vie de grande sœur (celle qui sort d'un burn-out) et je l'ai regardée faire en me disant que la vie des troisièmes tout de même, ça devait être quelque chose.

Mais ça, sans doute ne le saurai-je jamais. En tout cas, c'est ce que je me suis dit dimanche, à 5h07 du matin. Heure lo-ca-le.

27/04/2021

SI ÇA N'AVAIT PAS ÉTÉ ELLE

Je ne sais pas comment j'aurais fait si ça n'avait pas été elle. La première enfant.

Un jour, alors qu'elle n'avait pas 3 mois, j'ai écrit à une copine en lui demandant si cette angoisse, ça allait passer un jour. Elle m'a dit non et j'ai cru mourir de désespoir.

La vérité, c'est que ça passe. Oui on s'inquiète toujours, mais la plupart du temps, on veut juste qu'elle mange ses haricots et qu'elle passe sa tête dans le bon trou de son tee-shirt. Rien de plus.

Elle a été la première enfant pour beaucoup de monde et elle l'est «longtemps» restée.

Elle n'a passé aucune étape classique de l'évolution d'un enfant. Je ne le savais pas. Maintenant, avec sa sœur, je le découvre. Elle n'a pas tapé. Elle n'a jamais pleuré en public. Elle n'a jamais fait de crise. Elle n'a jamais dessiné sur un livre ou sur un mur. Elle n'a jamais mangé de trucs limites (limite-on-va-aux-urgences). Elle n'a jamais rien cassé. Elle a toujours fait attention. Elle a été mon enfant en bandoulière.

Elle est un peu timide. Elle est douce et originale. Elle est drôle. Elle s'inquiète pour les autres. Elle a la mémoire la plus impressionnante au monde. Elle est sensible. Elle est gentille. Elle sait où se trouve son doudou à la maison, quand on est partis sans lui. Elle dit: «C'est pas grave.» Elle me laisse ses bonbons si je les veux. Je peux tout lui expliquer et elle dit: «D'accord.» Elle «garde pour demain» quand elle en a assez. Quand je perds un truc, je lui demande. Et souvent ça marche. Elle a raison, même quand ça paraît fou, elle a raison. Elle dit toujours oui pour les activités. Elle observe tout et elle invente des histoires. Elle est tout ça et elle sera plein de choses qu'elle n'est pas encore.

Elle est née un 18 avril, elle a 4 ans et elle est «parfaite».

30/04/2021

LA BALANÇOIRE

Un jour, lors d'un dîner entre amis, j'ai posé la question: «De quoi avez-vous passé l'âge?» et la réponse qui est le plus revenue, bizarrement, c'est «faire de la balançoire». J'avais été très surprise par cette réponse car contrairement aux cabanes, aux toboggans et aux tourniquets, notre corps n'a pas à se contorsionner dans des angles particuliers pour ce genre d'activité. Une balançoire, c'est un banc qui se balance, avec nous dessus.

Ces trois dernières semaines, on a fait beaucoup de balançoire. On était pas loin de quelque chose qui ressemble à un entraînement pour les Jeux olympiques de Tokyo. J'étais le Philippe Lucas de l'aire de jeux, les lunettes de soleil, le marcel et la coupe de cheveux en moins. À la fin, ma fille faisait quasiment le poirier sur la planche en bois, quand moi, j'étais aphone. Car vous comprenez: «Il faut aller le chercher ce chrono!!» Ni elle ni moi ne savions de quoi je parlais.

Pendant trois semaines donc, ma fille a beaucoup balancé et moi je l'ai beaucoup regardée balancer. Elle faisait de la balançoire infiniment et je crois qu'un enfant peut se laisser périr de balancement. Oublier de manger et de dormir, à partir du moment où il se balance. Ça dure, c'est toujours pareil, mais ça dure, ça dure et ça n'est pas un problème cette répétition sans fin. Les cheveux en arrière puis les cheveux en avant. Le ciel, sa mère, puis le ciel à nouveau et sa mère enfin. C'est là que je me suis dit que oui, c'est vrai, on avait passé l'âge de faire de la balançoire comme un enfant. On a passé l'âge de ce temps qui s'étire de l'arrière vers l'avant. De ce temps qui se perd indéfiniment dans un balancement. La balançoire c'est l'enfance, et on a passé l'âge, oui. Mais rien ne nous empêche de nous balancer.

UNE CASE AVEC UN ENFANT DEDANS

J'ai lu quelque part que parfois, les gens veulent des enfants et qu'ils se retrouvent avec un bébé et que c'est un peu comme vouloir un Big Mac et se retrouver avec un Filet-O-Fish. C'est ok mais c'est pas ce qu'on avait commandé.

Je crois qu'avec ma première fille, c'est un peu ce qu'il m'est arrivé.

J'ai trouvé le temps terriblement long et je me suis demandé quand est-ce qu'elle allait enfin me sourire, marcher, me parler, jouer au basket, faire du skate.

Évidemment, quand on attend quelque chose, ça arrive toujours trop tard. Alors j'ai commencé à penser et puis aussi à dire, c'est vrai: «Elle n'est pas très sportive.»

Je disais ça parce qu'elle était calme, prudente, qu'elle aimait lire des livres, dessiner, qu'elle pouvait s'asseoir devant un piano sans écraser chaque touche comme s'il fallait tuer une mouche et qu'elle se fichait des ballons.

Évidemment que c'était une manière de la protéger en devançant les remarques des autres.

Évidemment que c'était super con.

Il y a quelques mois encore, je disais toujours cette phrase. Alors même qu'elle a marché assez tôt. Alors même qu'elle a enlevé les petites roues de son vélo avant ses 4 ans. Alors même qu'elle grimpe au sommet des arbres. Alors même qu'elle se balance jusqu'au ciel la tête en arrière. Alors même qu'elle plante la pointe des pieds pour s'écarter du mur et appuie sur ses talons pour s'éloigner du trottoir quand je lui tiens la main en skate.

Hier en la regardant faire je me suis dit qu'on n'était rien tant qu'on n'était pas autre chose. Ma fille n'était pas très sportive et puis elle a décidé qu'en fait si. Ça la chauffait bien tout ça.

J'ai acheté des coudières, des genouillères et des protège-poignets parce que ça y est. Elle a sauté de la case dans laquelle je l'avais mise.

Elle est peut-être pas très sportive, mais elle a l'esprit de contradiction. Et on peut être ce que l'on veut lorsqu'on décide de ne pas être ce que les autres disent de nous.

08/05/2021

LE PIQUE-NIQUE

Samedi, on est partis à vélo le long du canal du Midi pour faire un pique-nique. On était tellement chargés qu'à un moment je me suis demandé si on pouvait sereinement passer sur ce pont limité à 3,5 tonnes. Contre toute attente, oui.

On avait pensé à tout. Le repas pour quatre individus qui n'ont pas tous le même âge, la nappe, le Uno, le tire-bouchon… même un mouchoir. On n'avait juste pas imaginé qu'une sorte de gastro dont seuls les enfants ont le secret puisse s'inviter parmi nous. Il a fallu faire sans body et sans pantalon. C'est comme Rika Zaraï mais en plus festif.

À un moment, une joggeuse est passée et on a assisté en direct à la naissance d'une vocation. Une petite fille de 15 mois s'est elle aussi mise à courir à sa poursuite. À l'heure où je vous parle, elle est sans doute sur un banc en train de dire que la vie, c'est comme une boîte de chocolats.

À 17 heures, sur un coup de tête, j'ai proposé : « On va chez mes parents ? », il faisait 30 degrés et j'imaginais déjà notre repas en terrasse. Mais il fallait partir vite. Tellement vite qu'une enfant sans body et sans pantalon a dû aussi faire sans chaussures. Mais bon, elle n'était plus à ça près.

Le soir, de notre terrasse, on a assisté à une bataille entre une pie et un corbeau et j'étais bien embêtée car je ne savais pas lequel des deux soutenir. La pie cette voleuse ou le corbeau ce corbeau. J'ai tapé sur Google «pie corbeau embrouille» histoire de comprendre ce qui avait pu faire qu'ils en arrivent là et je me suis dit que bon, peut-être qu'il était temps de prendre une baby-sitter et d'aller dans un bar. Histoire de chercher exactement la même chose, mais saouls.

12/05/2021

LA SAISON DES PLUIES

Avant les enfants, un week-end, c'était juste un week-end. Maintenant ça ressemble plus à un lundi matin qui durerait 48 heures.

Dimanche matin, on est partis faire une balade en forêt avec vélo et draisienne et on sait tous ce qui se cache derrière ces mots. Un père qui porte une enfant et son vélo, et une mère qui pousse une draisienne avec une petite fille dessus. Sur des kilomètres. De boue. Dans la forêt. Évidemment il a plu.

Sous mon K-way, c'était la Thaïlande.

Heureusement à la fin, il y a eu une fête dans la forêt. Ça se passait sous les chênes, sur une table de camping. Deux petites filles droites dans leurs bottes se balançaient sur le rythme d'une chanson qu'elles inventaient au fur et à mesure.

Il y avait un peu de Sénèque dans cette joie sous les nuages. Comme chaque week-end, on n'a pas attendu que les orages passent. On a dansé sous la pluie pour célébrer l'enfance qui s'en va en un coup de vent.

17/05/2021

LA CLÉ DE LA ROUTINE

Ce matin, une enfant s'est glissée dans mon lit. Elle n'avait plus sommeil. Moi si.

Ensuite il a fallu faire vite parce que forcément, à repousser le réveil indéfiniment, il arrive que le temps passe sans nous.

Un coup de peigne, un gâteau dans la main, la boîte à goûter dans le sac, le sac sur le dos, on descend, le doudou, on remonte, on redescend avec le sentiment étrange qu'il y a un geste qui s'est perdu quelque part, entre la porte et l'escalier, pas grave, on marche vite, on fait des jeux pour tenter de marcher plus vite, visiblement pas les bons, puisqu'on recule. On arrive à l'école. On dépose l'enfant, on se retrouve les bras ballants alors on met les mains dans les poches, on constate que tiens, ça alors, elles sont vides.

On pense aux clés qui devraient être là. Aux clés qui ne sont pas nécessaires pour sortir de l'immeuble mais primordiales pour y rentrer. On fouille dans le sac de l'enfant, franchement pour la forme. On se rappelle que ce matin, un homme qui vit avec nous a pris un avion et son trousseau de clés avec. Et que donc, si nos clés sont dans l'appartement, les autres sont en train de visiter Paris. On marche en faisant plusieurs scénarios. Dont un avec un gorille acariâtre et un train qui prend feu, pour l'adrénaline.

Devant l'immeuble, on donne un bref et puissant coup de pied dans la porte cochère et on se sent un peu un agent secret quand elle s'ouvre du premier coup.

On monte les marches en récitant quelques prières. On sait qu'on ne se «soumet plus à la tentation» mais on ne sait plus trop ce qu'on fait à la place. Dieu peut-il vraiment faire quelque chose pour un problème de clés ? On doute. Et puis les clés sont là, tranquillement en train de se balancer sur la serrure. Fermée bien sûr, que croyez-vous. On se souvient que Dieu «ne nous laisse pas entrer en tentation» alors on le remercie de nous laisser quand même entrer dans notre appartement.

Le soir, on met un réveil pour aller au lit, encore. On le snobe, encore. On se demande si la prochaine étape c'est d'emmener les clés à l'école et de laisser l'enfant sur la serrure. Qui sait. Dieu peut-être.

21/05/2021

L'ASCENSION

Vendredi j'ai déposé deux petites filles chez leurs grands-parents. Dans la voiture je criais: «On va chez qui?!», la grande hurlait: «Papi et mamie!!», la petite: «Maman!!» L'une d'elles n'avait visiblement pas toutes les cartes en main.

Samedi on est partis à deux pour les Pyrénées avec l'objectif de faire cette fameuse marche que l'on s'offre à tour de rôle, chaque Noël depuis quatre ans. Il était temps de passer à autre chose.

L'objectif: une marche de 2h30, 2100 mètres d'altitude et 600 mètres de dénivelé positif.

Mais avant, on a mangé un burger à Lourdes. Il paraît que c'est ce qu'il faut faire. À moins qu'on ait mal lu?

Ensuite, on a pris la route jusqu'au point de départ. On s'est garés, on s'est habillés comme il fallait et puis on est partis. Au premier panneau on a compris qu'on était partis beaucoup trop tôt alors on a fait demi-tour et on est remontés dans la voiture. Heureusement, le deuxième arrêt était plus concluant.

On a donc suivi un chemin en se demandant chaque seconde si c'était le bon chemin et au bout d'une heure de marche, alors qu'on commençait à comprendre les codes et à devenir de vrais montagnards, le brouillard est tombé. Résultat, il n'y avait plus de chemin. Donc plus de mauvais chemin. CQFD.

On s'est dit que tant que ça montait c'était bon signe alors c'est ce qu'on a fait. On a croisé de la neige, un 21 mai tout à fait, et on lui a demandé ce qu'elle fichait là. Si elle avait eu un empêchement en février peut-être ? Elle n'a pas répondu. Car c'est de la neige.

Et puis au bout d'un moment, alors qu'on avait la sensation d'être les enfants de Mike Horn, on s'est rendu compte qu'on était arrivés. Le refuge était là, au bout de nos chaussures. Le brouillard nous avait gardé la surprise jusqu'à la dernière seconde. Ce coquin.

On a retiré nos habits mais pas trop en fait car il caillait vraiment. Alors on a mangé comme on a marché et on s'est couchés comme on a mangé. Sales. Mais heureux.

Le lendemain, le brouillard s'est levé et on est redescendus en croisant des marmottes et des isards. Et c'était vraiment bien. Comme un Noël en mai en quelque sorte. Comme de la neige au printemps.

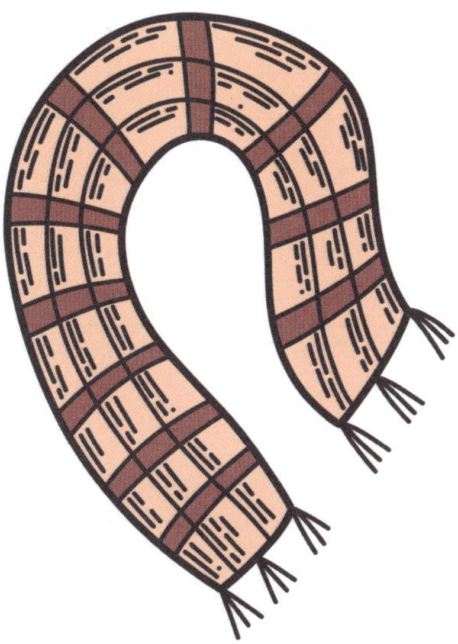

25/05/2021

BILAN DU WEEK-END

Samedi, à 8h32 nous étions déjà au parc, habillés comme un jour de baptême, à courir après des pigeons. À un moment, j'ai dit à ma fille: «Regarde! Un écureuil!» Mais elle n'a absolument pas levé la tête car elle avait mieux: un escargot.

Au déjeuner, on a mangé en terrasse. Une dame est passée et nous a souhaité bon appétit. C'était gentil. Mais ça nous a déconcentrés une demi-seconde et un morceau de pain a atterri dans un verre de bière.

Après la sieste (pas la nôtre ndlr) on a voulu faire une promenade en centre-ville. Et c'est étonnant car nous avons eu la même idée que la population de tout un pays.

On a cherché une terrasse pour boire un verre mais on n'a pas réussi à réunir tous les critères: une terrasse avec la possibilité de boire un verre.

On a failli laisser tomber et puis soudain, une table s'est mise sur notre chemin. On a bu une bière en 20 minutes chrono car si la

ville est une jungle, l'enfant de 17 mois est visiblement prête pour son premier safari.

À 18 heures on était au bout du rouleau et j'ai pensé à ces laisses pour enfant qui ont failli percer en France si seulement tout le monde n'avait pas trouvé ça scandaleux. Une sombre histoire de suppression de liberté. Certes. Mais de qui ?

Dimanche, c'était la fête des mères et j'en ai profité pour rebaptiser les toilettes : désormais, elles s'appellent le musée des cadeaux et tout le monde est content de ce nouveau nom. Comme quoi. J'aurais peut-être dû rester dans le marketing.

À 10 heures, j'étais chez la fleuriste. Dans la boutique, le rapport au mètre carré de personnes qui aiment leur maman était assez impressionnant et je me suis dit que cet amour valait bien quelques bières sacrifiées.

29/05/2021

LA SORTIE SCOLAIRE

Hier la journée a commencé avec une alarme qui sonnait et que je n'entendais pas. Quelqu'un a dit: «Sophie, ton réveil.»

Je me suis levée d'un bond en disant: «J'y vais.» Où? Aucune idée. Mais j'y suis quand même allée et rapidement, je me suis retrouvée dans la cuisine en train de préparer un biberon. J'ai tout de suite remarqué qu'il faisait étrangement nuit, pour un matin de juin, mais c'est vraiment le camion poubelle qui m'a mis la puce à l'oreille. Je me suis dit: «C'est bizarre tout de même. Il fait plus nuit qu'hier, quand j'ai pris mon vélo à 6h15 pour prendre le train.» J'ai regardé l'heure sur le four: il était 5h50. Je n'avais pas enlevé mon réveil.

À 8h35, je partais pour l'école de ma fille avec l'intention d'y rester, car je m'étais portée volontaire pour une sortie scolaire à la ferme. On était tellement en retard que, ne trouvant pas les clés de l'appartement, j'ai préféré partir sans fermer. Sur le chemin je me suis rendu compte que le pique-nique coulait dans le sac à dos, mais comment faire? Les parents accompagnants peuvent-ils vraiment se permettre d'arriver après le départ du bus? Non bien sûr. Nous avons donc accéléré. Surtout moi puisque je portais le sac et l'enfant.

À mon arrivée, l'institutrice m'a dit: «On se retrouve à 9h20?» J'avais visiblement loupé une information.

J'en ai profité pour rentrer chez moi et chercher les clés. Du coup. Et trouver un tupperware plus fonctionnel. Et changer de sac à dos. Et faire une sieste.

Mais à 9h20, grandie de mes erreurs, j'y étais.

Le bus était garé devant l'école, pourtant, il nous a fallu vingt minutes pour l'atteindre. C'est là que je me suis dit que la journée allait être longue.

En arrivant à la ferme, il y avait un pigeon en train de copuler avec un autre pigeon. Mais mort. Finalement, ma situation n'était pas la pire.

La journée a consisté à faire du pain et à compter jusqu'à 25. En permanence. Je suis à deux doigts de développer un toc.

Contre toute attente, cette journée a eu une fin. J'ai pris en photo cette petite fille avec son pain pour l'envoyer à ses grands-parents et puis on est partis en week-end. Et on a oublié le pain. Évidemment.

01/06/2021

UNE PARENT-THÈSE

Vendredi soir, on a pris la route en direction du Gers.

La seconde enfant a encore eu droit à ce qui n'était même pas envisageable un centième de seconde pour la première au même âge:

Il y avait un trampoline. Une petite fille en plus de la mienne rebondissait avec ferveur sur la toile tendue. À un moment elle a demandé: «Tu t'appelles comment la grande?» Vu qu'on n'était que trois à sauter et que je dépasse ma fille de 70 centimètres j'en ai conclu que c'était de moi qu'il était question.

On a fait du canoë à quatre. Un canoë, une pagaie, deux gilets de sauvetage, deux enfants, deux parents et beaucoup trop d'ambition. Au bout de cinq minutes j'avais envie qu'on m'abandonne sur une île déserte. Mais vu que la plupart du temps je ne suis même pas seule aux toilettes, il était assez ambitieux d'imaginer qu'un lac puisse m'offrir cette solitude.

On a porté beaucoup de trucs. Globalement des trucs qui ne voulaient pas marcher.

Il a fallu partager un lit en deux pour que celle qui roule la nuit n'écrase pas celle qui ne voulait pas qu'on lui roule dessus. À 23 heures on a entendu un gros boum. Focalisés sur un problème, on en avait oublié un autre.

Il y a eu beaucoup d'excès. La plupart du temps avec du sucre dedans.

Ce texte ne dit pas que j'ai pris la voiture pour endormir une enfant qui préférait la piscine à la sieste sans avoir les capacités de survivre à une journée sans dormir. Mais il dit tout le reste. Et c'est sûrement la seule chose dont on se souviendra.

06/06/2021

LE BURN-OUT DU PARC

Hier j'étais sur mon vélo orange avec deux petites filles sur le porte-bagages, à rouler à toute vitesse en direction d'un parc, quand je me suis dit: «J'en ai marre des parcs.» Il est 18h30, il fait 30 degrés. J'en ai marre des parcs.

J'ai dit: «On va chez papi et mamie» et en une seconde, le vélo orange a fait demi-tour pour rentrer à l'appartement. J'ai dit: «Prenez le jouet que vous voulez», j'ai jeté trois affaires dans un sac et on a pris la voiture pour 80 kilomètres.

Ici, il y a école le mercredi matin. Et parce qu'on est polis et bien élevés, même si elle a 4 ans et qu'en gros, elle apprend surtout à ne pas coller des ronds sur des carrés, elle ne rate jamais l'école le mercredi matin. Mais mardi soir à 18 heures, j'ai fait un burn-out du parc. Et dans la vie, la politesse c'est la feuille quand le burn-out du parc c'est les ciseaux.

Ce soir sur la route du retour, avec le paysage doré dans le rétroviseur, le soleil sur ma joue droite, une chanson d'un gars qui siffle à la radio et deux petites filles à l'arrière, j'ai ressenti ce que je ressens souvent dans ce genre de situations: une puissance infinie.

Quand je pars sur un coup de tête, quand je choisis de vivre de folies et que je les porte toutes les deux à bout de bras, quand je refuse d'avoir peur de faire quelque chose, seule, avec mes enfants, quand je sais que ça va être une guerre mais que j'y vais quand même, je sens en moi cette puissance infinie.

Ce soir dans le rétroviseur, il y en avait une qui lisait un livre, l'autre qui pleurait pour lire le même livre (alors que, rappelons-le: aucune ne sait lire), il y avait ce gars qui sifflait dans la radio sur un air de guitare et cette campagne dorée qui défilait à travers la vitre. Il y avait juste moi et elles au milieu de ce «joyeux» bordel et je me sentais puissante de me battre pour ne jamais subir.

Puissante et libre.

Ce qui est sûrement la même chose.

13/06/2021

UN WEEK-END EN VRAC

Un des grands plaisirs du week-end, c'est cette enfant qui daigne enfin manger un fruit non mixé. J'étais tellement heureuse de la voir faire que tout à coup, je me fichais qu'elle nous ait réveillés deux fois pendant la nuit. Elle mangeait un abricot et je l'aimais profondément.

Parce que je trouvais ça marrant, je leur ai dessiné un cœur sur la plante des pieds. L'une a ensuite voulu une poule. Et puis ça a complètement dérapé et j'ai perdu le contrôle de la situation.

J'ai vu une paire de lunettes-cœurs et je les ai voulues TRÈS fort. Seulement, elles coûtent cher pour une enfant qui change de taille régulièrement. Il fallait donc trouver une bonne raison. Samedi, nous l'avons félicitée pour son année en petite section et son passage en moyenne.

Pouvait-on vraiment laisser la deuxième enfant sans rien ? Non évidemment. Nous l'avons donc également félicitée à grands coups de lunettes-fleurs pour son année réussie chez l'assistante maternelle.

On a voulu étirer le week-end chez mes beaux-parents au maximum alors on est partis ce matin. Comme il y a trente minutes de route, on a pris la route une heure avant le début de l'école afin d'être larges. Résultat: j'ai couru avec un enfant au bout de la main jusqu'au portail vingt minutes après sa fermeture. Une maman était là, en retard elle aussi, mais de toute évidence, pas en retard pareil. Avec douceur, elle a dit à son fils: «Bonne journée, je t'aime.» Moi, ma fille a commencé à pleurer, j'ai lancé: «Ah non hein! On avait un deal! Allez, à ce soir, t'es la meilleure!»

Heureusement que je les ai achetées, ces lunettes en forme de cœurs.

17/06/2021

LES GRÈVES

Aujourd'hui, il y avait grève de la cantine et du centre de loisirs à l'école. Il fallait donc déposer son enfant à 8h30 puis revenir à 11h30 puis revenir à 13h30 puis revenir à 16 heures. La journée consistait donc à revenir.

Le matin, j'ai entendu une maman prendre les devants sur un potentiel burn-out du revenir: elle a dit qu'elle viendrait à 11h30 mais qu'après non. J'étais tentée de faire encore mieux: ok et bien puisque c'est ça, moi je reviens pas du tout. Voilà. Bon week-end. Faites-lui des coquillettes.

Mais bon. Non.

Je suis donc revenue à 11h30 et j'ai dit que je ne reviendrai pas non plus et là, la maîtresse m'a dit: «Oui c'est mieux.» Heureusement que je ne bluffais pas.

J'ai donc fait un restau en tête-à-tête avec cette petite personne qui n'existait pas quand Obama était président. Et elle a pris une bavette. Ce qui n'a aucun rapport.

En terrasse, il y avait une autre petite fille qui lui a demandé où elle était née et je me suis dit pourquoi pas après tout. Elle n'allait pas lui demander son métier.

Je me suis dit que la prochaine fois que je rencontrerai quelqu'un, ce sera ma question. Ça et sa couleur préférée.

Ensuite on a fait plein de trucs, non pas sur le modèle du «Yes Day» qui me tend un peu (ça finit toujours à Disneyland dans ma tête. Or on habite à 700 km), mais plutôt sur le principe du «pas-beaucoup-de-no-day».

On a acheté un livre, une robe blanche, des tatouages et un tube à bulles. On est allées à l'aire de jeux. Puis à une autre aire de jeux. Et contre toute attente, alors que je n'y croyais plus, la journée s'est terminée.

À la fin, elle m'a dit que son moment préféré, c'était l'aire de jeux. J'ai dit que mon moment préféré, c'était depuis qu'Obama n'était plus président.

30/06/2021

ON A ACHETÉ UNE MAISON

Et samedi, on l'a visitée pour la première fois avec elles.

Apparemment le jardin est petit et la maison sent mauvais MAIS la tapisserie à fleurs dans le placard à l'étage est tout à fait géniale. Donc ça va. On la garde, cette maison.

Ce qui tombe plutôt bien car comme l'a si justement fait remarquer le notaire le jour de la signature: «Tiens, quand vous aurez fini de payer votre bien, je serai mort.»

Et il n'était pas vieux. Ni particulièrement pessimiste.

C'est une maison avec beaucoup de travaux. Beaucoup. De. Travaux. Le genre de truc où l'agent immobilier répète en boucle: «Il faut se projeter.» Et il faut.

Juste avant la signature, j'ai fait une dernière visite histoire de vérifier qu'il ne restait pas trente meubles de quatre tonnes dans chaque pièce, soit huit cents allers-retours à la déchèterie. Ou trente vide-greniers. Ce qui ne serait pas du tout pratique quand on a déjà mille ans de travaux. Et c'était tout à fait étrange de voir cette maison vide. Je veux dire, avec rien pour cacher les faits.

Si bien que vers le milieu de la visite, j'ai tapé sur Google «coût destruction maison».

J'avais l'impression que c'était peut-être plus simple de faire comme ça. Mais c'était trop cher. Et très désespéré. Et pas du tout le projet. Donc non.

Samedi on a visité cette maison avec deux petites filles. Le jardin est petit et la maison sent mauvais MAIS il y a une tapisserie à fleurs qui ne restera pas. En revanche, l'amour, la joie et l'enthousiasme, ça, ça restera. Au moins jusqu'en 2053.

03/07/2021

LEURS DIFFÉRENCES

Celle qui marche pieds nus et celle qui choisit scrupuleusement ses chaussures.

Celle qui demande un autre gâteau la bouche pleine et celle qui dit non à une gaufre au Nutella.

Celle qui pourrait sauter d'un toit et celle qui s'inquiète que l'on n'ait pas notre masque pour aller aux toilettes.

Celle que j'entends raconter sa vie à l'autre bout du babyphone et celle qui répond «au revoir», en boucle, parce qu'elle a juste envie de dormir – et qu'elle ne sait pas dire grand-chose d'autre.

Celle qui partage et celle qui part en courant.

Celle qui rit beaucoup et celle qui rit autant.

Celle qui ne se souvient pas de la vie avant sa petite sœur et celle qui ne l'a jamais connue.

Celle qui mange des beignets de courgettes pour le goûter et qui ne supporte pas qu'ils aient déjà été croqués. Alors que c'est par elle. Une minute plus tôt.

Celle qui accepte de finir ce qui a été commencé.

Celle qui dit: «Oh il fait un clin d'œil, le chat» et à qui je réponds: «Un très très long clin d'œil quand même» et qui acquiesce: «Oui, très très long», en gardant ses distances.

Celle qui s'approche trop près.

Celle qui chante tout le temps, partout, et juste, alors qu'on est bien ses parents.

Celle qui nous demande si on a pensé à prendre telle ou telle affaire et sait exactement où se trouvent nos oublis. Alors qu'on est ses parents.

Celle qui a déjà du second degré. Celle qui sait déjà s'imposer.

Celles qui se ressemblent mais qui ne sont pas du tout pareil.

15/07/2021

LA GARDIENNE DE LA TOUR

Cette petite fille aime bien se déplacer. À l'horizontale certes, mais à la verticale aussi. Parfois on la trouve dans un évier. Mais souvent, il faut bien le reconnaître, on la retrouve par terre. Il n'y a qu'à voir la forme étrange de ses deux dents de devant...

Ça fait donc un moment que je veux acheter une tour d'observation mais que j'en ai marre, parce que l'intérieur de notre appartement ressemble de plus en plus à une aire de jeux de quartier.

Mais la semaine dernière, j'ai craqué. J'ai fait vingt minutes de voiture pour aller chercher cette tour à un monsieur qui la vendait sur leboncoin, en me disant que si je l'aidais à s'en débarrasser, alors peut-être qu'un jour on m'aiderait aussi.

Le monsieur a ouvert la porte et a dit : « Madame Boyer ? » Bon. On était peut-être plus sur une multinationale qu'un vide-grenier tout compte fait. J'ai répondu « non » mais ça ne semblait pas poser de problème. La tour m'a été remise quand même.

Dès que cette enfant a franchi la porte de la cuisine, sa joie a irradié à des kilomètres à la ronde. L'Hiroshima de la joie en quelque sorte. Elle a su que c'était sa tour, et qu'elle vivrait là désormais.

Depuis, quand elle rentre, elle court se percher sur cet escabeau (ne nous mentons pas) et elle regarde tout autour ce qu'il se passe. Un jour elle nous annoncera peut-être qu'un bateau rentre au port, on ne sait pas. En attendant, on a moins peur pour ses autres dents et c'est déjà pas mal.

18/07/2021

LE TÉLÉTRAVAIL

Hier j'ai récupéré deux petites filles avec qui je n'ai pas passé une seule journée en tête-à-tête depuis un mois, pour une journée de télétravail. À 10 heures, j'avais déjà envie d'attendre dans le hall de l'immeuble que la journée passe, comme il m'était déjà arrivé d'attendre l'heure exacte inscrite sur le contrat de notre nounou pour les récupérer. Sauf que là, la nounou, c'était moi.

Le frigo était vide alors on a mangé un truc périmé mais qui avait un goût normal. Comme il n'y avait pas de dessert et que la vie sans dessert, c'est plus chiant que la vie sans salade, on est parties choisir nos desserts dans le rayon frais d'une épicerie. Et puis on est allées les manger au parc.

L'une en voulait deux. L'autre n'a pas fini le sien. Tout était normal.

Ensuite on s'est baladées et c'est drôle parce que l'une d'elles répète tous les mots que l'on prononce mais avec aucune lettre en commun. À un moment, j'ai dit «canard» elle a dit «patouli» et j'ai dit OK parce que bon. Y avait le «a» quand même.

On est rentrées et ma stratégie a consisté à les laisser vider une caisse de jouets, les laisser jouer jusqu'à la prochaine caisse vidée et ranger la première au moment de la deuxième. Une sorte de pyramide de Ponzi du temps calme de l'adulte.

Ce qui fait que, si mes calculs sont bons, cette stratégie c'est vraiment de la merde. J'ai eu cinq petites minutes. Autrement dit, le temps d'envoyer un mail sans la pièce jointe.

03/08/2021

LES VACANCES AU PORTUGAL – JOUR 1

Mercredi, moins de quarante-huit heures avant notre départ, j'ai fait un test PCR en disant à la dame qui m'enfonçait un truc dans le nez: «C'est le dernier. Après, je serai vaccinée.»

Ce matin à 10 heures, une autre dame m'enfonçait un truc dans le nez car finalement, le Portugal a décidé que quarante-huit heures c'était beaucoup et que vingt-quatre c'était plus sûr.

Si vous voulez mon avis, le plus sûr c'est d'arrêter de vivre mais il paraît qu'on meurt quand même. Donc bon. Ça vaut pas vraiment le coup.

Hier soir, j'ai fait ma valise et c'est drôle car beaucoup de gens remplissent la leur en disant «au cas où» alors que moi je la «remplis» en me disant: «Mais non. Aucune chance.»

Résultat, chaque fois j'ai froid et je ressemble à rien MAIS j'ai un petit sac. Comme mon mec en a marre de me filer ses vêtements qu'il a pris en bonne quantité par rapport au fait qu'il a normalement qu'un seul corps, j'ai fait un effort. On verra.

À 14 heures, pas trop en avance mais franchement pas en retard non plus, on a pris la route pour l'aéroport. Et pour une fois, j'avais l'impression qu'on était vachement bien. J'avais beau faire la liste de tout ce qu'on avait pu oublier, eh bien chaque fois, on l'avait.

Arrivés au comptoir, on montre nos cartes d'embarquement, nos papiers d'identité, nos tests et nos vaccins et là, un mec derrière le comptoir lance une hypothèse: «C'est pas quatorze jours après le vaccin, le pass sanitaire au Portugal?»

On a répliqué «non non» mais le gars n'était pas du genre à laisser filer la victoire au Trivial Pursuit sans vérifier. Résultat, on a dû lui donner son fromage et mon mec a dû courir faire un test antigénique au sous-sol de l'aéroport. Contre toute attente, le test, le résultat, la valise de 45 kilos au lieu de 23, c'est passé.

Voilà. On est au Portugal. Pour une semaine. Et l'aventure n'a à priori pas encore commencé.

04/08/2021

LES VACANCES AU PORTUGAL – JOUR 2

On a récupéré le van et on a pris la route. Le levier de vitesse fonctionne, ce qui est plutôt une bonne chose. Il faut juste se souvenir à quelle vitesse on roule car visuellement il est toujours quelque part en bas. C'est bien, ça fait travailler la mémoire.

L'enfant qui parle n'a fait que parler du moment où on serait en «pleine nature» et on ne sait pas exactement ce que ça veut dire. J'ai l'impression que c'est une sorte d'objectif de vie inatteignable comme toutes les expressions qui commencent par «pleine».

On s'est arrêtés et on a pris un chemin escarpé et glissant pour arriver jusqu'à une cascade. Je me suis demandé ce que pensaient les autres en nous voyant, avec nos deux enfants trop petites dans les bras. Surtout, je me suis dit que les parents inconscients avaient tout à fait conscience qu'ils l'étaient. Et que je le saurais pour la prochaine fois.

Finalement, une fois installés, je ne trouvais plus qu'on était inconscients. Juste qu'on était bien. Comme quoi, tout passe. Même l'inconscience.

50 % des affaires sont déjà sales, l'ingrédient clé du repas des enfants, pour l'instant, c'est la patate, on a acheté un savon mais personnellement je n'y crois pas et je ne sais pas encore combien d'heures va durer cette nuit. Mais je crois que ça y est, quelque part au milieu de la nature, on est en pleines vacances.

05/08/2021

LES VACANCES AU PORTUGAL – JOUR 3

Ce matin on s'est réveillés «en pleine nature», qui est donc la nouvelle expression à la mode par chez nous. Elle s'utilise à toutes les sauces, vraiment ça ne veut plus rien dire.

On a voulu aller voir une cascade sous un pont qui s'appelle le pont du Diable. Il y a toujours cette problématique d'enfant qui ne veut pas marcher et c'est tout de même étonnant cette affaire. Je sais pas, est-ce que les parents oiseaux se retrouvent avec des oisillons qui ne veulent pas voler? Si non, est-ce que les oiseaux sont de meilleurs parents que nous?

Heureusement on entendait une chèvre bêler quelque part et ça nous a tenus toute la balade. D'ailleurs, à un moment une enfant jouait même avec une crotte. Non, vraiment, une chèvre ça occupe.

Le lieu était tout sauf *kid-friendly*. C'était même l'inverse du *kid-friendly*: c'était l'angoisse.

Comme on en avait marre de passer nos journées à éviter des dangers de mort, on a visé un lac et une plage avec du sable. Au bout de vingt minutes, il a commencé à bruiner.

Bon.

C'est là qu'on a décidé de mettre un terme à la pleine nature: on a choisi un camping. Un camping où c'est quasi la pleine nature, mais payante. Un vrai concept. On a joué à la bataille et je ne me souvenais pas qu'on pouvait s'emballer autant pour un jeu dont on ne maîtrise absolument rien. Je me suis dit tiens, c'est donc ça le lâcher-prise. Et on a lâché prise encore un peu plus. Plus que le Nutella, les chips, les enfants sur les genoux à l'avant, les siestes couchées à l'arrière, les couches lourdes et les habits sales. On a écouté la pluie tomber sur la tôle de notre van de quatre mètres carrés. Et on s'en fichait. Puisqu'on n'y pouvait rien.

06/08/2021

LES VACANCES AU PORTUGAL – JOUR 4

Ce matin, on s'est dit qu'on n'était pas venus au Portugal pour savoir si la pluie mouillait ici autant qu'ailleurs. Alors on a pris la route en direction du soleil.

Comme le soleil est une destination aléatoire, on a un peu réfléchi. Le sud nous semblait une bonne solution mais comment être sûrs ? On en a conclu que le Maroc, c'était pas mal.

Comme notre vitesse de pointe est de 50 kilomètres par heure en descente, les pouces en avant, on a plutôt choisi le sud, par rapport à là où on était.

On s'est arrêtés à Amarante parce qu'on avait envie de rire (*no comment*) et on a mangé dans ce genre de restaurants où on a d'abord l'impression qu'on va se faire engueuler alors qu'en fait, presque pas.

Puis on a repris la route car changer de stratégie comme ça, en cours de voyage, ça se mérite et on s'est retrouvés à valser sur les routes de la vallée du Douro. Je ne faisais que répéter: **«Que c'est beau»** et mon mec: **«Que c'est vert.»** On avait l'air complètement fous je présume mais comme il n'y a que deux enfants qui ne font pas la différence entre la gauche et la droite, personne ne s'est rendu compte de rien.

Dans une énième descente, j'ai senti que quand je freinais, ça ne changeait pas grand-chose. Hormis la drôle d'odeur et la fumée. Alors on s'est arrêtés et on a attendu car nos connaissances en mécanique ne pouvaient pas aller plus loin, elles non plus.

On s'est baignés dans le Douro et effectivement c'était Douro car l'eau était fraîche (*no comment* bis). Mais s'être baigné un jour dans un fleuve, je suis sûre que ça peut servir. Dans un dîner guindé. Ou dans un jeu d'alcool.

On a trouvé un endroit en pleine nature mais avec un peu de goudron quand même. Mais vu qu'il y avait une balançoire, ce n'était pas très grave.

07/08/2021

LES VACANCES AU PORTUGAL – JOUR 5

Ce matin, on a quitté notre colline (en utilisant notre frein moteur) et on a pris une route magnifique. C'était beau et vert et plus que ça encore.

On a fait le concours de celui qui voyait le plus de fruits différents dans les arbres et j'ai gagné puisque c'est moi qui ai inventé le jeu. Et donc les règles. Il y avait des citrons, des oranges, des pommes, des figues, des pêches, des amandes, des olives, des raisins, et le fameux «kiaribitali» qui m'a donné la victoire.

On s'est arrêtés à Pinhão et on s'est dit qu'il fallait qu'on trouve un camping avec une piscine, histoire que ces vacances ne ressemblent pas à un camp de redressement du point de vue de nos enfants.

Mon mec a appelé le plus proche et je l'ai entendu demander: «*Do you speak English?* Français? Euh…»

Vide conversationnel.

Ils ne parlaient que portugais. Problème, on parle aussi très bien portugais, mais avec les mains. Ce qui n'est pas très utile au téléphone.

On a réussi à comprendre qu'on pouvait dormir là-bas mais pendant toute la discussion, j'ai pensé que peut-être que ce que disait le monsieur, c'est qu'on ne pouvait pas dormir là.

On a mangé en jetant un œil aux autres possibilités de campings, au cas où, et c'est là qu'on a vu ce commentaire: «meilleur camping du Portugal».

On a appelé et ça n'a pas répondu mais on y est allés quand même car comment vivre avec cette phrase dans la tête franchement? On ne pouvait plus.

Après une heure théorique de route au ressenti d'une transat' en kayak, on est arrivés au camping. Qui était fermé. «Par chance» (je crois), la piscine du meilleur camping du Portugal était une piscine municipale située juste à côté. Et donc ouverte. C'est ainsi que nous nous sommes retrouvés dans une piscine municipale au fin fond du Portugal car sans doute, en manque d'inspiration, le frère du propriétaire a balancé ce commentaire sur Google. J'imagine qu'après avoir appuyé sur «envoyé», il s'est dit «ça, c'est fait» et il a bu une bière.

Et des années plus tard, nous voilà 🤟.

08/08/2021

LES VACANCES AU PORTUGAL – JOUR 6

On s'est réveillés dans l'un de nos plus grands échecs de nuit en pleine nature: la nuit en pas nature du tout.

Ça arrive et ça met le moral dans le goudron. Mais bon. C'est le jeu. C'est aussi ce qui nous fait apprécier nos plus belles victoires. C'est Confucius qui l'a dit. Ou Aimé Jacquet, je ne sais plus.

On a pris la route en direction d'Armamar parce que ça sonnait comme notre état d'esprit. Tout le long du chemin, c'était vert et c'était beau et ça nous a vite fait oublier que parfois, on ressemble à des gens assis à une table de camping en alu, sur une aire d'autoroute. Que ces gens sont en vacances. Et que c'est nous.

À Armamar, on a trouvé un restaurant pépite, le genre de restaurants qui ressemble à rien mais où toutes les tables sont réservées, sauf celle qui nous attend. Là on s'est dit que le modjo avait tourné et on a bu pour fêter ça. Et y a pas à dire, la vie est plus légère avec une demi-bouteille dans le nez.

On a décidé de dormir dans une *quinta* (= grande demeure portugaise, souvent au cœur d'un vignoble) et on a passé l'après-midi à la piscine. La pleine nature mais version luxe. Évidemment, au moment de rejoindre notre chambre, on avait perdu les clés. De la chambre et du van. Le modjo tourne vite visiblement.

Au bout d'un long moment à se dire pour la millième fois que ce problème avec les clés ne pouvait plus durer, on les a retrouvées sous un vieux Portugais allongé sur un transat.

Le Portugais est-il clé-ptomane ? Mystère.

Toujours est-il qu'on a bien mangé, bien dormi et que ça c'est une des clés de la vie qu'on n'a pas besoin d'aller chercher sous un vieux Portugais.

09/08/2021

LES VACANCES AU PORTUGAL – JOUR 7

On s'est réveillés dans le luxe et l'opulence : un lit. Il faisait soleil, même si ça ne se dit pas d'un point de vue grammatical car il ne fait pas soleil. Mais est-ce qu'il ne fait pas soleil, quand même, si on s'en fout un peu ?

On a pris un petit déjeuner et on est allés à la piscine. Les transats ont servi de toboggan jusqu'à ce que le sol serve d'appui-tête mais au niveau du front d'une enfant qui décidément s'abîme très vite.

Avant quand on demandait des glaçons, c'était forcément pour nos mojitos. Mais maintenant, c'est plus rare.

Vers 12 heures, on a quitté notre *quinta* et l'enfant qui parle a dit qu'elle était contente qu'on parte pour la pleine nature.

Il paraît que quand on traverse l'Atlantique, on peut avoir le mal de mer pendant quelques jours mais qu'après, ça passe.

Le van c'est un peu pareil. Les premiers jours, c'est le foutoir. Les enfants râlent, on se marche dessus, les bières ne sont pas fraîches, on ne trouve pas ce qu'on cherche, ce qu'on ne cherche pas nous tombe sur la tête, on a chaud, on a froid... et puis d'un coup, tout va mieux. Et c'est un phénomène très agréable à observer, cette vie qui se fluidifie.

On a trouvé un endroit où dormir. On a couché deux petites filles dans leur lit sous le toit. On a entendu discuter et rire et puis plus rien.

C'était le calme en pleine nature. Il faisait nuit mais bizarrement il faisait soleil aussi.

10/08/2021

LES VACANCES AU PORTUGAL – JOUR 8

Pour le dernier jour, on a voulu aller voir l'Océan. On visait Viana do Castelo mais finalement on s'est arrêtés à Mindelo. Je crois qu'en termes d'objectif, c'est comme viser un marathon et se fouler la cheville dans le rayon gourdes de chez Decathlon.

Mais bon.

L'Océan était là et le sable aussi avec deux petits sièges enfoncés dedans pour nous permettre de prendre un verre. Mon mec a pris un café et moi, un mojito. Ça m'a fait penser à ce moment entre la nuit et le matin, où certains rentrent de soirée et d'autres partent travailler.

Peut-être qu'à force de vivre dans un van, coupés du monde, on n'était plus dans le même fuseau horaire lui et moi.

On a ensuite réservé un hôtel pour la dernière nuit, histoire de ranger le van et de rassembler toutes nos affaires.

Ce qui est bien avec une pandémie, c'est qu'on peut se payer des hôtels dont on n'aurait habituellement pas les moyens.

C'est ainsi que João, chef d'établissement quatre étoiles, nous a vus débarquer dans son hall d'accueil. On a vite senti que João, il en pouvait plus de cette pandémie. Il en pouvait plus de voir des ploucs en tongs sur son sol marbré. Lui ce qu'il aime c'est les chemises repassées et le parfum déposé derrière les oreilles avec l'intérieur du poignet. Autant vous dire qu'on en était loin. Très, très, très loin.

On a quand même tendu nos pass sanitaires parce que voilà. Il avait qu'à le mettre plus cher son hôtel, João.

Et cette fin de vacances a tout à coup pris un air de début : je n'avais pas les 14 jours de vaccination requis à Porto. Je me suis donc retrouvée à m'auto-planter un bâton dans le nez pour la deuxième fois depuis que j'avais dit que ce serait la dernière.

Le test était négatif. João a fait une petite moue de dépit et il nous a enregistrés.

On avait choisi cet hôtel pour deux raisons :

1. il avait une piscine ;

2. il était dans Porto.

On n'a vu aucun des deux.

Il y avait des créneaux pour la piscine et bien sûr, ils étaient tous complets.

Et à ce stade, Porto nous évoquait plus l'alcool dont nous avions besoin qu'une ville.

D'ailleurs, au moment de l'apéro j'ai lancé : « Le mojito de ce matin était vraiment bon. » C'est là que j'ai su qu'il était temps qu'on rentre. Vraiment temps.

16/08/2021

LE DÉFI

Il y a ce petit chemin dans les landes, cette piste cyclable qui traverse les pins. Elle fait 7 kilomètres. Hier, je me suis réveillée avec l'idée de les faire en skate, accompagnée de ma fille à vélo.

Aujourd'hui quand elle est montée sur son vélo je me suis dit: « Tiens, t'as encore eu une idée à la con. »

Au début du parcours, il y a un champ avec des chèvres et on est restées là une heure. C'est pas tant que j'ai une passion pour les chèvres, ni même que l'une d'entre elles s'est mise à faire un salto arrière en parlant portugais. Non, c'est juste que je n'arrivais pas à prendre la décision. Était-ce raisonnable de faire 7 kilomètres avec une enfant qui doit pédaler trente fois pour que son vélo avance d'un mètre?

Au bout d'une heure, j'ai dit: « On y va? » et on y est allées. Trois minutes plus tard, sa pédale râpait son talon et elle pleurait. Bon. J'ai repensé aux chèvres que j'avais observées pendant une heure et je me suis dit qu'elles avaient tout compris à la vie. Pas de « Qu'est-ce qu'on mange ce soir? », pas de « T'as fait ton PCR? », pas de « Et si on faisait 7 kilomètres à vélo avec une enfant qui vient de naître, à quatre ans près? »

Pendant le trajet, je lui ai parlé de la glace qui l'attendait à l'arrivée. Je lui ai demandé si elle prendrait fraise, vanille ou bien chocolat. Là elle m'a demandé si on arrivait bientôt. Je lui ai alors dit que c'était du sport et qu'elle serait fière d'elle quand on aurait terminé. Elle m'a dit OK mais quand est-ce qu'on arrive?

J'ai regardé sur Google Maps et j'ai vu qu'on avait fait 500 mètres.

Mais on a continué parce que j'étais largement plus angoissée par le demi-tour que par les 6 kilomètres qui restaient.

Je lui ai parlé de l'aventure qu'on était en train de vivre et je pense qu'à ce moment-là, je me croyais dans l'émission *Intérieur Sport*. On a repris la route et elle m'a demandé quand est-ce qu'on arrivait.

J'avais la cuisse en feu et le mollet tétanisé mais j'ai continué à la pousser pour éviter qu'on aille à la vitesse des gens qui reculent.

Et puis au bout d'une heure et demie dans la peau d'un chien de berger qui rabat son troupeau sur la droite, on est arrivées.

Elle a choisi le chocolat mais ce qu'elle ne sait pas, c'est que j'étais prête à les lui offrir toutes. En double.

23/08/2021

LES VACANCES ENTRE AMIS

On a fini les vacances par une semaine dans les Cévennes.

Le premier soir, c'est avec beaucoup de naïveté et à peu près autant d'alcool dans le sang qu'on s'est couchés à 2h30.

Le premier enfant a sonné à 6h30, et toute la semaine l'enfant a sonné à la même heure.

Pourtant, chaque soir, on s'est couchés en se disant que « Bop, elle va bien finir par la faire cette grasse mat' qu'elle n'a jamais faite, non ? »

Réponse : non.

« Une semaine de vacances » avec des enfants – sept plus exactement – c'est surtout « une semaine ». Tout court. C'est une règle de français peu connue mais figurez-vous que dans ce genre de phrases, le mot « vacances » est un mot muet. Halala… les subtilités de notre langue, vraiment.

Dans ma valise, j'avais mis un livre et je n'ai même pas réussi à lire le titre. En revanche, j'ai pris un train qui se baladait dans la nature, qui passait sur des ponts et à qui des gens faisaient coucou depuis la route pour une raison qui échapperait sûrement à Darwin.

Ceux qui étaient montés dans le même wagon que nous l'ont très vite regretté. Sachant qu'en plus, le concept n'était même pas d'aller d'un point A à un point B. Le concept, c'était de profiter du moment présent. Et c'est bien ça le problème. Avec les enfants, le moment présent c'est à peu près l'éternité.

Ensuite il y a eu la grotte et la balade à dos d'âne. Chaque crise, chaque pleur, chaque frémissement de lèvres, nous poussaient à nous émerveiller de tout pour détourner l'attention.

Technique de base.

Le «Oh regarde un animal!» – qui fonctionne d'ailleurs très bien en l'absence d'animal car un bon «Oh regarde ce caillou» a déjà fait ses preuves.

On a donc passé une semaine à s'émerveiller de tout, si bien qu'on avait l'air de vivre dans une pub pour de la lessive. Tout le monde est super content alors que dans les faits, ils font une machine.

Mais à la fin, à force d'être heureux, on s'est rendu compte qu'on l'avait vraiment été.

25/08/2021

ÇA N'ARRIVE QU'AUX AUTRES

Dans la vie je réfléchis beaucoup. Mais j'ai beau réfléchir, rien ne m'empêche jamais de faire les choses que j'ai envie de faire. Même quand c'est une mauvaise idée.

Ce matin, j'ai essayé de convaincre une enfant de 20 mois que 5h40, c'était beaucoup trop tôt pour se réveiller. Je lui ai montré la nuit par la fenêtre. Je lui ai parlé des animaux qui dormaient. J'ai fait glisser mon doigt sur ses paupières qui ne voulaient pas se fermer. À 7 heures, je n'avais plus aucun argument. Surtout, à 7 heures, il faisait jour.

À 9 heures, on est parties se promener et il s'est passé un truc auquel je n'ai jamais assisté chez aucun autre enfant : elle était sur mes épaules, mais elle se jetait en arrière dans une sorte de saut en parachute sans parachute. J'avais pourtant l'impression qu'être sur les épaules de sa mère, c'était la *place to be* de tous les enfants. Apparemment sa *place to be* à elle, c'était le sol.

D'ailleurs, à 10 heures, elle se couchait sur le trottoir parce que se coucher par terre dans la rue, c'est sa nouvelle passion. Franchement, je lui souhaite que ça devienne une discipline des JO. En attendant de l'envoyer à Philippe Lucas, j'en ai un peu marre quand même.

Et puis dans l'après-midi, on était à la piscine et deux petites filles étaient cul nu car j'avais oublié leurs maillots (👍) et avant qu'elles se baignent j'ai lancé : « On court faire pipi dans l'herbe ! Allez allez ! Et on écarte les jambes ! »

Elles ont couru, elles se sont mises face à face et les yeux dans les yeux, elles ont fait pipi les jambes écartées en se marrant comme deux baleines.

Je réfléchis beaucoup mais le deuxième enfant j'en avais juste envie. Et parfois c'est une mauvaise idée. La plupart du temps, c'est la plus géniale envie de ma vie.

30/08/2021

PARTIR À L'AVEN(VOI)TURE

Cinq heures de route en compagnie de cette petite fille avec qui j'ai passé un pacte avant le départ: ne pas me demander tous les quarts d'heure si on arrivait bientôt.

Car non.

La réponse est non tout le temps, sauf les cinq dernières minutes du trajet.

À la place, elle m'a demandé si le ciel était dur ou mou et pourquoi la lune nous suivait.

Ça m'apprendra.

On a fait une pause à l'aire de l'Aveyron et elle a pris un Actimel qui avait soi-disant goût banane alors qu'il était très distinctement écrit dessus «goût nature». Mais après tout, qu'est-ce que ça veut dire «goût nature» au juste? N'est-ce pas la notion la plus subjective au monde? Peut-être avait-il goût banane après tout.

Moi j'ai pris un Cacolac car le Cacolac est à l'aire d'autoroute ce que le jus de tomate est à l'avion, mais elle a dit à son père que j'avais pris une bière. Ce qui me fait sérieusement remettre en question tout ce que je viens de dire sur la subjectivité.

En plein milieu du trajet, elle a eu un fou rire toute seule et je n'ai toujours pas compris quelle en était la cause. Ma seule piste étant que la bière, c'était elle.

Après cinq heures de trajet et beaucoup de choses interdites par le code de la route, on est arrivées à destination. Et cette petite fille de 4 ans et demi, cette petite fille que j'ai si souvent prise en bandoulière depuis qu'elle est née, est vraiment l'une des meilleures copilotes de ma vie.

19/09/2021

L'ARNAQUE

L'autre jour, elle m'a dit qu'elle ne se sentait pas bien.

Avant je me demandais qui étaient ces gens qui se baladaient en centre-ville en pleine semaine, accompagnés de leur enfant en âge d'aller à l'école. Maintenant je sais. Ce sont des parents qui se sont rendu compte trop tard qu'en fait, leur enfant n'était pas malade du tout.

En fait leur enfant va même parfaitement bien mais il est trop tard pour rappeler l'école et dire qu'ils ont confondu molard généreux et vomi.

Foutu pour foutu, j'en ai profité pour faire quelques courses. J'étais donc en centre-ville en pleine semaine avec une enfant en âge d'aller à l'école, en train de négocier sur une couleur de bonnet que j'aurais voulu ne pas être rose et qu'elle n'imaginait pas autre chose.

Foutu pour foutu, j'ai fait semblant de croire qu'elle était vraiment malade et pour la consoler de ce qu'elle n'endurait pas, on a pris un Happy Meal à emporter. C'était sa première fois et quand elle a mordu dans ce truc rond et orange, elle m'a dit que le monsieur avait très bien cuisiné et très bien emballé ce petit sandwich.

J'ai demandé: « Tu trouves ? »

Elle m'a répondu « oui » avec son air d'inspecteur de guide Michelin.

Bon. Elle pourra faire un autre métier après tout.

Je lui ai dit qu'en dessert il y avait de l'ananas et elle m'a dit qu'elle m'avait entendu dire « glace » au moment où je commandais. J'ai donc mangé l'ananas.

Le soir en me couchant, j'ai pensé au fait que j'avais vécu ma première arnaque. Mais la plus grande de toutes, c'est encore de croire que ce sera la seule.

15/10/2021

PARTIR SUR UN COUP DE TÊTE

On a pris la route et on a traversé deux pays. Le nôtre et celui juste après. C'est marrant parce que j'ai beau avoir passé six mois de ma vie en Espagne, pourtant, j'ai été incapable de commander un chocolat chaud. Je sais pas, j'ai paniqué. Il faut croire que ce n'était pas ce que j'avais l'habitude de boire, neuf ans plus tôt.

Il ne faisait pas spécialement beau mais pas spécialement moche non plus. Le temps idéal pour boire des bières. Et c'est ce qui est pratique avec les bières. Il fait toujours un temps idéal pour en boire. C'est un peu comme les enfants et la mer finalement: qu'importe la température, une bière se boit autant qu'un enfant ne veut pas sortir de l'eau.

Le deuxième jour on s'est dit: «Tiens, si on allait au musée de l'anchois?» Dedans il y avait le mot «musée» mais aussi le mot «anchois» qui est une chose qui se mange. Eh si.

Or cette idée répondait à la problématique de tout adulte: faire un truc intelligent quand la seule chose que l'on veut vraiment, c'est manger en terrasse. Bon. Le musée ouvrait à 17 heures. On avait faim. On s'est dit que si on prenait des tapas avec des anchois dessus, ça pourrait peut-être le faire. Je ne sais pas si on s'en est sortis avec une bonne conscience. Ce qui est certain c'est qu'on n'avait plus faim.

À l'endroit où on logeait, il y avait un bar. Le dernier soir, je n'ai pas eu le temps de m'asseoir que le serveur venait personnellement m'informer qu'il n'y avait plus de mojito. Ça tombait bien, après trois jours en Espagne, je comptais prendre un Coca.

On a cherché l'espérance de vie du pays pour essayer de comprendre comment ils faisaient. On est tombé sur le taux de natalité: 1,24. Voilà. Je ne dis pas que ça explique des choses. Je dis juste que le combo week-end familial et la gueule de bois, je n'ai pas trouvé ça facile.

20/10/2021

METTRE DES PAILLETTES

Mardi matin, j'étais sur mon vélo quand soudain j'ai eu envie d'un *carrot cake*. Alors après avoir déposé mes filles, je suis allée acheter de la poudre d'amandes. Ça m'a fait penser à la frangipane, au fait qu'on n'était plus très loin de la galette des rois et je me suis dit: déjà.

Je me suis dit que le temps passait de plus en vite, qu'avant, entre deux frangipanes, il y avait un an, alors que maintenant il y avait un-an-qui-passait-super-vite et que de manière générale, tout était de moins en moins espacé dans le temps. Le matin du soir, le lundi du dimanche, la première gorgée de bière de la dernière.

Je me suis dit que forcément, une année, quand on en a vécu trente-trois, ça passait plus vite que quand on en avait vécu seulement quatre et j'ai alors pensé à ce que ça devait être, quand on a 70 ans. 70. Mais on ne doit avoir le temps de rien, à 70 ans ! On sort un lundi matin chercher une baguette et quand on rentre, c'est déjà jeudi.

J'ai pensé, le temps entre deux frangipanes, c'est une chose, mais l'espace entre la naissance et la mort c'en est une autre. Et j'ai imaginé le temps filer devant moi, le temps insaisissable, le temps comme un leurre qui disparaît chaque fois qu'on croit qu'il est possible de l'attraper.

C'est comme ça que j'en suis arrivée à penser à la mort alors qu'à la base, je voulais juste faire un gâteau à la carotte. Évidemment ça m'a filé une angoisse.

Mais bon, heureusement, je portais mon legging à paillettes. Ce qui m'a fait penser que j'avais failli ne pas l'acheter parce que prononcer « legging » et « paillettes » dans la même phrase, c'est un peu comme dire « Kim Jong-un » et « bombe nucléaire » ensemble : ça peut être dangereux.

Mais en l'occurrence, ça ne l'est pas, et c'est même une grande source de joie (je parle du legging).

Alors je me suis dit que vraiment la vie est trop courte pour se retenir d'oser. Mais sans doute est-ce aussi parce que la vie est trop courte qu'on porte des leggings à paillettes.

07/11/2021

HALLOWEEN

Lundi une petite fille a demandé: «C'est quand qu'on fait Halloween, nous?»

J'avais oublié avoir dit un jour – au hasard un 31 octobre – qu'on le ferait «plus tard». Oublié aussi que la plupart du temps, les comptes des «plus tard» sont à rendre dès le lundi matin.

Mercredi on s'est donc retrouvés avec un chapeau de sorcière, un masque de clown et deux enfants avec trop de sucre dans le sang. La première a voulu faire un spectacle qu'on a répété cachées dans la chambre avant le grand show, quand la seconde a voulu se lancer dans une impro qui consistait à être indéfiniment sur le point de faire une roulade. Mais non.

À un moment, il a bien fallu coucher tout le monde car quand Halloween n'est pas un 31 octobre, le lendemain n'est pas un 1er novembre. Eh oui. C'est mathématique.

Et c'est là que les scènes d'horreur ont vraiment commencé. Enfin en tout cas, tout le monde hurlait comme s'il y avait un fantôme...

18/12/2021

L'ANNIVERSAIRE DES 2 ANS

Deux ans. Deux ans que je parle à cette enfant et qu'elle me répond parfois complètement à côté. Parfois je me dis que ce qu'elle vit depuis deux ans, c'est un Erasmus. Parfois je me dis que l'Erasmus a bon dos.

Deux ans qu'elle crée sa place dans ce monde qui a longtemps existé sans elle. Deux ans qu'elle sait très bien sur quel pied danser puisqu'elle a choisi l'autre. Celui que sa sœur n'a pas pris.

Deux ans qu'elle danse et qu'elle chante, aussi, deux ans que j'ai cette phrase bateau dans ma tête : je ne savais pas qu'il y avait encore toute cette place pour elle.

Deux ans que j'affirme des trucs à son sujet et deux ans qu'elle me rappelle que l'instinct maternel, c'est vraiment un truc inventé pour nous refiler la charge mentale.

Deux ans, et déjà tant de choses à dire. Il y a l'enfant qui nous ressemble et l'enfant qu'on aurait rêvé être, parfois c'est le même, parfois c'en est deux différents.

Deux ans que sa vie a commencé et que la nôtre se danse sur nos deux pieds.

23/12/2021

LES LONGS TRAJETS

Hier j'ai annoncé: « Demain, on part à 8 heures » et c'était une excellente décision puisque nous sommes partis à 9h30.

Le GPS indiquait 8h04 de trajet et je me suis dit: « Tiens, même mes nuits ne sont pas aussi longues. »

Une enfant a demandé si là où on allait, c'était à plus de 15 kilomètres et quand j'ai répondu: « Oui, beaucoup plus », elle m'a dit: « Ah bon ? 17 kilomètres ? » (Elle a toujours un problème avec le seize.)

J'ai précisé: « C'est à 932 kilomètres », mais elle n'a pas réagi car elle ne sait pas vraiment ce qu'il se passe après 30. Pour elle, 100 n'est pas un nombre. C'est un son.

C'est marrant parce que comme j'ai 33 ans, elle doit se dire que mon âge c'est une sorte de notion d'infini. Mais du coup, je me demande, c'est vieux l'infini ?

On a continué la route, elle a continué de poser la même question, on était comme bloqués dans une faille spatio-temporelle, mais toujours à plus de sept heures de route de notre destination.

On a mangé sur une aire d'autoroute, lieu auquel je voue une passion inexplicable car c'est un endroit à la fois très gai et très triste. Et aussi un endroit où on mange de mauvais sandwichs et où tout le monde va beaucoup aux toilettes.

On a acheté deux sucettes, le prix pour une demi-heure de liberté. Mais sachez tout de même que la liberté colle parfois aux cheveux.

Ensuite une enfant a dormi, mais pas celle qui en avait le plus besoin car celle-ci est bien souvent trop occupée à me souhaiter un joyeux anniversaire en chanson. Tous les jours. Depuis huit mois.

Puis il y a eu un coup de mou dans le moral d'une partie de la troupe, celle qui ne sait jamais vraiment l'heure ni le jour que nous sommes, et c'est un problème qui rend de toute évidence le temps parfois très long. Alors on a sorti notre joker : le goûter Nutella/gressin. Après ça, on n'avait plus d'habits propres à se mettre pour le reste de la semaine mais tout le monde allait beaucoup mieux.

On a fini par arriver à Vannes, qui n'était pas du tout sur la route indiquée par le GPS. Mais est-ce vraiment important ? Après tout, s'il y a bien un endroit où devrait nous mener l'infini, c'est celui d'où on peut voir la mer.

Un joyeux bordel

2022

01/01/2022

QUELLE EST LA MEILLEURE CHOSE À SOUHAITER AUX AUTRES?

Cette question me fait penser à ma fille et à cette envie que j'ai, depuis sa naissance, de lui donner une solide confiance en elle. J'ai cette envie depuis son premier jour car j'ai l'impression que c'est ce dont j'ai le plus manqué. Avoir confiance pour oser. Oser parler à des inconnus, oser demander quelque chose, oser entreprendre, oser le ridicule, oser donner mon avis, oser me faire remarquer, oser rater.

Mais on ne peut pas donner confiance à un enfant en lui disant d'avoir confiance. On donne confiance à une enfant en nourrissant son être de paroles valorisantes. Alors c'est ce que je fais dès que je peux. Je lui dis qu'elle est intelligente, drôle, belle, forte, intéressante, douée, vive. Je lui dis toutes ces choses et j'espère que dans cette liste, il y aura la parole, la phrase, le mot auxquels elle pourra se raccrocher toute sa vie quand elle sera sur le point de vaciller.

Car même si j'ai beaucoup douté et même si je doute encore, même si j'aurais voulu que cette fondation soit plus solide en moi, il y a cette phrase qu'un jour ma mère m'a dite quand j'étais petite. Cette phrase qui m'a marquée et que j'ai peut-être choisie parmi toutes celles qu'elle a pu me dire, comme un feu que je garde précieusement au fond de moi.

« Le jour de ta naissance, j'ai ressenti une telle sensation de bonheur, quelque chose de si exceptionnel… »

Je devais avoir 6 ans et je ne sais pas si elle a dit la suite ou bien si c'est moi qui l'ai inventée, mais j'en ai conclu que j'étais magique. J'en ai conclu que si ma mère avait ressenti ça à ma naissance, c'est que je devais être une personne exceptionnelle. Et j'ai beau savoir aujourd'hui que ce qu'elle voulait dire, c'est que ses hormones ont bien fait le taff, j'ai cette croyance ancrée en moi, parce qu'elle a été semée à un âge où tout s'enracine.

Et quand je doute, quand je perds confiance, quand je trouve tout nul chez moi, il y a cette lumière qui s'allume parfois. Cette croyance. Je suis magique. Alors ça va aller.

Alors je souhaite aux autres de trouver leur feu et de ne jamais le laisser s'éteindre. Je leur souhaite surtout d'allumer celui qui construira la confiance solide d'une petite fille.

28/01/2022

À SKI PARAÎT, LA MONTAGNE C'EST BIEN

S'il devait y avoir un seul lieu sur terre où les attentes ne rencontrent jamais la réalité, ce serait la montagne, en hiver, avec des enfants.

La veille du départ, j'ai cherché des tenues de ski sur leboncoin en me disant que vu le timing, la première personne qui répondrait serait la bonne. Résultat: une enfant est partie au ski déguisée en clown. J'imagine qu'elle nous en voudra un jour. En attendant, faisons semblant de n'avoir rien remarqué.

On a mis une petite fille sur des skis et je n'ai jamais vu quelqu'un avec une telle capacité à déconnecter son corps de son esprit. Elle était une sorte de dalaï-lama de la piste. Elle glissait mais alors sans vraiment en avoir conscience. Il y avait les téléphériques au-dessus de nos têtes, un bonhomme de neige au bord de la piste, un poussin gonflable… à un moment je me suis dit: «Elle va bien finir par préférer la sensation de glisse à tout le reste.» Et en fait non.

Au bout de trois heures, il était toujours la même heure car apparemment, l'idée de la température réelle *versus* la température ressentie s'applique aussi aux heures quand on est au ski.

J'avais pris mon snowboard en imaginant qu'on pourrait prendre un forfait pour deux et se relayer. J'ai décidément beaucoup d'imagination et c'est une bonne chose finalement d'avoir choisi l'écriture plutôt que le sport de haut niveau: je n'ai pas réussi à attacher mon second pied sur une seule descente de la piste pioupiou.

Le meilleur moment c'était quand il ne fallait plus porter ni skis, ni luges, ni sacs, ni enfants et que tout le monde mangeait des frites en réfléchissant au sens de la vie. Ou à comment en faire entrer une dans sa narine, ça dépend.

07/02/2022

IL Y A QUATORZE ANS

Il y a quatorze ans, je m'asseyais sur le guidon d'un Vélib' conduit par un garçon qui m'emmenait un peu partout – et rarement par le chemin le plus court.

Ça me faisait atrocement mal derrière les genoux, mais je montais quand même, car qu'est-ce qu'un genou qui fait mal comparé à un cœur qui bat ?

Le jour, je m'asseyais à côté de lui dans les amphithéâtres, et on prétendait croire que le hasard faisait bien les choses alors que le hasard, c'était juste les autres qui se décalaient d'un cran vers la gauche.

La nuit, j'allais là où je pensais qu'il pouvait être et en attendant qu'il arrive, je faisais semblant d'être heureuse alors qu'en réalité j'étais sur le point de l'être.

Et c'est peut-être ça l'amour en fin de compte. Cette seconde de bascule entre ce qui est et ce qui pourrait être. Cette seconde dans laquelle on peut vivre pendant au moins quatorze ans.

17/02/2022

LAISSER SES ENFANTS

On a déposé ces deux petites filles chez leurs grands-parents en se demandant ce qu'on avait bien pu oublier dans leur valise. Eh bien je vous le donne en mille: rien. On n'a rien oublié.

En revanche, l'une d'elles avait aux pieds une Converse blanche taille 22 d'un côté et une Converse blanche taille 24 de l'autre. Ce qui est plutôt dommage, puisqu'elle chausse du 23.

On s'en est aperçu parce que son pied droit arrivait partout avant tout le monde. Ce qui donnait lieu à des contestations lors du 1, 2, 3 soleil.

À l'aéroport, j'ai déprimé parce que l'idée de laisser mes enfants pendant neuf jours rendait mon cœur un peu lourd. Il faut dire que comme je n'aime pas trop l'avion, ce poids dans mon cœur, c'est aussi parce que je suis un peu triste à l'idée de mourir et qu'elles ne gardent aucun souvenir de moi alors que ça fait presque cinq ans que je me donne.

Maintenant que j'ai survécu à mon vol, ça va. Je sais qu'elles sont heureuses chez leurs grands-parents. Même celle qui ne va pas gagner à 1, 2, 3 soleil pendant neuf jours.

20/02/2022

LES VACANCES SANS ENFANTS

L'idée de ces vacances sans enfants, c'était de faire des trucs qu'on ne peut pas faire avec enfants. Autrement dit dormir. Mais comme dormir sur une île paradisiaque c'est un peu con et que l'on aurait tout aussi bien pu le faire à Limoges on a décidé de louer un scooter. Vous me direz, on pouvait aussi louer un scooter à Limoges. Mais ne peut-on pas TOUT faire à Limoges ? Si. Et ça fait sacrément réfléchir.

On a loué un scooter car un scooter c'est la liberté – et la pluie aussi – mais la liberté surtout. On a traversé l'île de droite à gauche et de gauche à droite en passant par le bord et par le milieu, de manière totalement illogique, un coup pour chercher de l'essence, un coup pour utiliser l'essence qu'on avait trouvée.

On avait réservé les deux premiers logements du voyage en se disant que l'on déciderait sur place pour le dernier. Car ne pas prévoir, c'est aussi une activité à faire sans enfants. On ne prévoyait tellement pas qu'on n'avait pas prévu que la location qu'on avait réservée n'avait en fait pas de place pour nous. Il était 20 heures et à 20 heures vint l'heure des doutes. Où allions-nous dormir ? Notre hôtesse nous a gentiment remboursé notre réservation en se prenant tout à coup pour l'Organisme Mondial du Taux de Change, organisme qui n'existe pas tout comme le taux de change qu'elle nous a proposé. Mais on n'a rien dit. Enfin si, on lui a dit «merci beaucoup».

On se sentait comme deux gros roulés à la saucisse roulés dans la farine, alors on a réservé le seul hôtel dispo autour de nous. Un quatre étoiles en *last minute*. Ce qui est moins cher qu'un quatre étoiles en *first minute*, mais tout de même.

On est remontés sur notre scooter et on s'est retrouvés à boire un petit verre d'eau «détox» (de l'eau, globalement) à la réception de cet hôtel qui doutait de ce qu'on leur racontait. Mais si. On avait bien une chambre. Sauf qu'eux ne l'avaient plus.

Le cauchemar recommençait mais cette fois, avec une eau détox.

C'est là qu'une dame s'est avancée vers nous et nous a dit: «Du coup, on va vous surclasser.» Comme quoi. C'est pas mal parfois de dormir ailleurs qu'à Limoges. Même si c'est quand même plus fatigant.

27/02/2022

LE RETOUR DES VACANCES SANS ENFANTS

C'est marrant parce que pendant ces vacances je voulais quatre enfants. Depuis que je suis rentrée j'essaie de comprendre qui sont les gens qui veulent quatre enfants. J'ai trouvé deux réponses.

Ceux qui partent en vacances sans enfants.

Et ceux qui en ont six.

Cette nuit, une enfant a appelé et je me suis donc levée. Il était minuit et demi, j'avais l'impression que c'était la fin du monde mais j'ai compris depuis bien longtemps que minuit et demi C'EST LA FIN D'UN MONDE : celui dans lequel il existe un sommeil réparateur.

Je suis arrivée dans la chambre comme dans un paquet de semoule : en pédalant. J'ai marché sur un jouet, ma cheville s'est tordue, j'ai vacillé, j'ai dit « putain » en m'écroulant au chevet d'une enfant de 2 ans, je me suis dit : « Tiens, voilà qui ne va pas aider cette enfant de 2 ans à ne plus dire putain », elle m'a lancé : « Je veux un bonbon », j'ai cru qu'elle me faisait une blague, je me suis souvenue qu'elle avait 2 ans, qu'il était minuit et demi, j'ai quand même demandé : « Tu plaisantes ? », elle ne connaît pas le principe des questions rhétoriques alors j'ai poursuivi sans attendre : « Pas de bonbon, non. »

J'ai enchaîné avec cette fameuse liste, LA liste internationale du réveil nocturne, aussi connue sous le nom de : « La liste des animaux et des enfants qui dorment actuellement à poings fermés dans leur lit. »

Elle m'a écoutée énoncer les girafes et les Justine, et puis elle m'a dit « au revoir », sa manière polie de me demander de partir.

Alors je suis retournée dans mon lit (en boitant) et j'ai cherché le sommeil tout en me demandant qui sont ces gens qui veulent quatre enfants.

Peut-être les mamans girafes, qui sait.

En attendant, le retour de vacances sans enfants est à J+3. Mais le ressenti est à J-1000.

07/03/2022

LE FEU

À la naissance de ma première fille, un feu s'est allumé en moi. Ce n'est pas tant d'avoir une fille qui m'a brûlée de l'intérieur. Non. Mon incendie, c'est d'avoir compris à quel point j'en étais une. À quel point j'étais une fille et à quel point la société avait une idée précise de la vie qui m'attendait en tant que mère.

Le jour de la naissance de ma fille, toutes les petites flammes de ma vie se sont ravivées. Parce que ce que j'allais devenir, en fait, cela faisait longtemps que ça se préparait. Le déterminisme social avait gagné.

Le feu à 8 ans, quand les mains du fils d'amis de mes parents ne jouent pas au même jeu que moi à la piscine.

Le feu quand un coach sportif me propose, à 14 ans, de me dépuceler afin de m'offrir «la chance» de le faire avec une personne qui ne me fera pas mal.

Le feu quand en Seconde, mon copain efface tous les prénoms de garçons de mon répertoire et décide ce que j'ai le droit de faire ou non.

Le feu quand mon grand-père coupe la parole à ma grand-mère et tourne en ridicule ce qu'elle vient de dire devant tout le monde.

Le feu quand, à 20 ans, cet inconnu m'arrête dans la rue pour me montrer son sexe.

Le feu, quand je sais que je ne finirai pas cette liste car la honte est encore du mauvais côté.

C'est ça, être une fille, en France aujourd'hui. C'est ça, être une fille lambda. Car on peut demander à toutes les femmes: chacune a sa liste. Des milliers de listes qui contiennent la même chose: un feu qui a longtemps été maîtrisé, mais qui brûle. Qui brûle.

15/03/2022

C'EST PAS MAL LES LUNDIS, EN FAIT

Lundi matin, j'étais tellement claquée que sur la route de l'école, j'ai vérifié si le week-end précédent n'était pas celui du changement d'heure. Mais non.

On avait fait les cartons d'invitation pour l'anniversaire d'une petite fille qui va bientôt avoir 5 ans, mais j'ai oublié de les prendre le matin (cf. paragraphe précédent). Le soir en voulant les déposer, j'ai vu une enveloppe avec le prénom de ma fille dessus: on s'était fait piquer notre date d'anniversaire! Il a donc fallu ouvrir toutes nos enveloppes, coller du *masking tape* coloré parce que les ratures c'est pas très carton-d'invitation-*friendly* et réécrire une nouvelle date. Le soir, j'étais à deux doigts de planter la tente Quechua pour être la première à entrer dans cette école et déposer les invitations. Mais j'étais trop claquée (cf. paragraphe précédent).

Il fallait faire des photos d'identité pour une petite fille de 2 ans et c'est marrant parce que voyez-vous, cette enfant, je la pratique quotidiennement. Et pourtant. Pourtant j'ai cru qu'un photomaton était possible. Évidemment non. J'ai d'abord cliqué sur l'option «photos officielles» mais la machine a ri. On se faisait recaler à chaque fois et EN PLUS tous les trois essais, la machine tentait de nous virer. À un moment, cette petite fille a eu le culot de me dire qu'elle voulait rentrer à la maison, comme si ça ne l'amusait plus, ce jeu. C'est là que j'ai choisi l'option qui pourrait s'appeler «option parents à bout», l'option qui valide même quand l'enfant met les bras sur sa tête.

À côté de ça, une enfant de presque 5 ans m'a demandé alors qu'elle était en train de dessiner: «Tu peux me faire un thé maman s'il te plaît?»

On est mercredi et je suis claquée. Vivement le changement d'heure. Ou leur majorité.

18/04/2022

LE PREMIER GOÛTER D'ANNIVERSAIRE

Évidemment on a invité plus d'enfants que l'on était capable de gérer en se disant qu'ils n'allaient pas tous venir. Évidemment ils sont tous venus.

Il y en avait donc huit, plus deux qui jouaient à domicile, plus un petit frère de 3 ans qu'on a récupéré sans trop savoir comment. Enfin si, j'ai quand même ma petite idée: en étant trop polis.

Histoire de faire la discussion avec une enfant de 5 ans, j'ai demandé: «Toi aussi il y a des trucs qui traînent partout chez toi?»

Elle m'a répondu: «Euh... non.»

J'ai dit: «Ah OK.»

Au bout de trente minutes, j'ai pensé: «Tiens, on n'a pas prévu assez d'activités.» Heureusement, on n'avait pas non plus prévu assez de feutres, ce qui a pas mal ralenti l'activité dessin.

À 16h58 j'ai regardé l'heure et quand je l'ai à nouveau regardée, une demi-heure plus tard, il était 17 heures.

C'est à ce moment-là qu'ils se sont mis à grimper sur le lit superposé pour se jeter sur un pouf. Ils avaient l'air de trouver ça mieux que notre parcours sportif et mieux que notre chasse au trésor, alors j'ai laissé faire. Faut dire qu'on n'avait plus d'activités.

À 17h30, ça faisait donc deux heures qu'on gérait onze enfants et les premiers parents ont commencé à arriver. On a refait une chasse au trésor mais pour les gilets et les chaussures cette fois. J'ai failli enchaîner avec l'idée du saut d'un lit sur un pouf mais j'étais pas certaine que ça prenne pareil.

Il faut dire aussi que c'est ce moment précis qu'a choisi le petit frère de 3 ans pour dire que l'anniversaire était chouette et qu'il avait fait pipi. C'était un joli résumé de l'après-midi sauf que je n'avais pas assisté à l'activité pipi. Ni moi, ni l'autre adulte de la journée.

La bonne nouvelle, c'est que le prochain, c'est dans un an. Ça laisse le temps d'acheter des poufs.

07/05/2022

LE TOTEM DE LA CULPABILITÉ

Aujourd'hui, je suis allée chercher ma fille à 17h30 au centre de loisirs. J'avais encore mille trucs à faire, mais plus que les trucs à faire, toujours, j'ai la culpabilité. Parce que ça fait quatre ans que l'on me répète que «ça fait de grosses journées pour eux, quand même». On me le disait déjà à la crèche, on me le dit encore à l'école, et des filles comme moi me le disent parce qu'on le leur a dit. Et donc voilà. C'est rentré dans ma tête, mais aussi dans la leur, à force.

J'arrive donc à 17h30 et là ma fille me lance: «Mais j'ai pas fini ce que j'étais en train de faire...»

Je suis à deux doigts de lui répliquer que «ça alors, moi non plus!» mais à la place je lui propose d'aller faire une course et de revenir après.

Je reviens quinze minutes plus tard car bon, j'allais pas non plus acheter 3 kilos de patates et 7 de tomates pour qu'elle finisse son œuvre d'art...

Évidemment elle n'avait pas fini.

Je patiente encore dans la cour et puis elle arrive, à quasi 18 heures (ce sont de grosses journées pour eux quand même), avec ça:

Voilà.

J'ai décidé que ce serait mon totem rappel de la culpabilité.

07/06/2022

AUX ORIGINES

Je ne sais pas comment l'idée de faire du skate m'est venue, mais elle est venue et j'ai aussitôt acheté une planche rose fuchsia chez Decathlon.

La première fois, je suis tombée en me faisant si mal que je pensais m'être cassé un os, un muscle voire l'intestin mais en fait non. C'était juste mon ego. Enfin j'imagine, car ils n'ont rien vu sur les radios.

Je suis remontée sur ma planche sans doute parce que ma mère m'a interdit de le faire – je crois que tout ce que j'ai accompli dans ma vie, je le dois aux interdictions de ma mère.

Quand je suis sur mon skate je me sens libre et de tous mes combats aucun n'égale celui de la liberté.

Je n'ai jamais cessé de faire du skate. J'ai poussé la poussette en skate, j'ai porté un enfant en skate et dès que je l'ai pu, j'ai mis un enfant sur un skate.

J'ai expliqué qu'il fallait planter les pointes pour aller d'un côté et planter les talons pour aller de l'autre à un âge où il est fréquent de confondre ses coudes et ses oreilles.

J'ai insisté mais toujours en lui demandant si elle en avait envie. Souvent c'était non.

Je crois qu'au début, ça la gonflait un peu, ce truc instable et pas très drôle mais je n'ai pas lâché telle une gymnaste russe blessée aux JO sur son dernier salto.

Aujourd'hui les pointes et les talons se plantent instinctivement. Vendredi, elle a commencé à «ramer» toute seule et elle riait, elle riait d'y arriver.

Peut-être que le skate ce n'est pas du tout son truc, que son truc à elle, ce sera ce que je lui interdis.

En attendant, elle a cet âge où ce qui la fait avancer, c'est sa fierté qui se reflète dans le regard de sa mère.

11/06/2022

TERRIBLE TWO

Cette nuit une enfant est tombée du lit. Sauf que c'était du mien. Et que je ne savais pas qu'elle s'y trouvait.

Il faut dire qu'il était 2h22, qu'elle m'avait déjà réveillée à 00h30 et que si on devait faire un référendum mondial de la pire heure pour se faire réveiller on le sait tous : ça serait 00h30.

Je l'ai redéposée dans son lit et elle n'a pas vraiment râlé. J'imagine qu'elle va désormais préférer celui duquel elle ne tombe pas. J'imagine.

Ensuite, le chien a fait caca dans le couloir, exactement devant les toilettes. Problème : on n'a pas de chien. Juste une enfant de 2 ans qui adore se balader à poil et faire caca où ça lui chante.

Évidemment ce n'était pas elle.

Je lui ai demandé comment elle voulait s'habiller et elle m'a répondu : « Debout. » J'ai dit OK et j'ai choisi des habits qu'elle ne voulait pas mettre mais qu'elle a quand même mis car « Oh regarde ! », « Quoi ? », « Ah non rien. »

Ensuite elle a feuilleté un livre et elle a dit : « Là, un hérisson ! » J'ai regardé ce qui se trouvait au bout de son doigt posé sur la page et c'était une grande roue. J'ai jugé bon de ne pas ouvrir ce débat.

À la place je lui ai demandé ce qu'elle avait préféré de son week-end et elle m'a répondu : « le papier par terre ». Ça va. Relativisons. On n'est pas allés à Disneyland non plus.

Il paraît qu'elle m'a réclamée chez la nounou mais le soir, quand elle m'a vue en rentrant, elle a dit : « Pas toi » et elle a couru dans sa chambre.

Bref, elle a 2 ans. L'âge mignon. J'imagine.

04/07/2022

LA CANICULE AVEC DES ENFANTS

Il a fait chaud, tout le monde a répété qu'il faisait chaud, on essayait de ne pas répéter qu'il faisait chaud, mais bordel qu'est-ce qu'il a fait chaud. Ça donnait presque envie de reprendre contact avec le cousin Jeremy. Mais si. Jeremy. Celui qui a une piscine. Bon. Jérôme. Peut-être.

On a fini par trouver une piscine sans avoir à renouer avec Jéjé, ce qui n'était pas plus mal car les enfants commençaient à plonger dans des chaises.

D'un autre côté, avec la piscine il y a la crème solaire, les maillots, les casquettes et les brassards à mettre, les trucs à gonfler, les réceptions d'enfants dans l'eau, les « Regarde regaaaaaarde » où il faut vraiment regarder, l'autre enfant qui saute sans brassard quand on ne regarde pas... et puis quand tout est en place, quand enfin on a réussi à passer et ressortir la tête de l'eau, il y a le « Je veux sortir. »

Il y a eu beaucoup de glaces et à la question: « Alors elle est comment ta glace ? » il a été répondu « froide » par une enfant qui croit peut-être que la vie est un grand quiz.

Il y a aussi eu le supermarché et les erreurs de débutants: traverser le magasin par les rayons gâteaux et bonbons. Mais bon, là au moins on avait pas peur qu'elles meurent d'une insolation donc c'était presque reposant de lutter contre des produits cancérigènes.

Bref c'était un week-end de canicule. Je ne sais pas s'il faisait moins chaud avant, mais ce qui est sûr, c'est qu'il faisant moins chaud avant deux enfants.

21/07/2022

LA DENT

En ce moment, on finalise les travaux, on fait des cartons, on va pas mal dire bonjour à Corinne chez Leroy Merlin, une enfant n'a plus de nounou et un adulte a 39 de fièvre depuis trois jours, mais ça va. Enfin ça irait si une enfant de 5 ans n'avait pas une dent qui bouge.

Depuis six mois.

Au début je lui disais qu'elle allait tomber cette semaine mais au bout de la dix-septième semaine, j'ai arrêté car même moi je n'y croyais plus.

Il faut dire qu'elle a sa dent qui tremble, qui vacille, qui se balance, qui se fait même virer par sa remplaçante mais non. Elle reste. Sa dent, c'est la Michel Drucker de la mâchoire.

Bon après c'est vrai. Elle n'y touche pas.

On assiste à ce miracle d'équilibriste, ce record du monde de la patience, avec la plus grande incompréhension. Je sais pas. J'imagine que cette enfant n'a pas besoin d'argent ?

Évidemment sa sœur, celle qui a 2 ans et demi et encore des dents qui poussent, a aussi une dent qui bouge. C'est juste pas toujours la même.

Enfin tout ça pour vous dire que cette dent qu'elle ne voulait pas avaler, pas voir saigner, qui l'a empêchée de manger ce midi et qui a tendu toute la famille au plus haut point ces derniers jours, cette dent qui est l'équivalent d'une vache en Inde, est tombée tout à l'heure.

Voilà. On est enfin tranquilles pour finir les travaux et déménager.

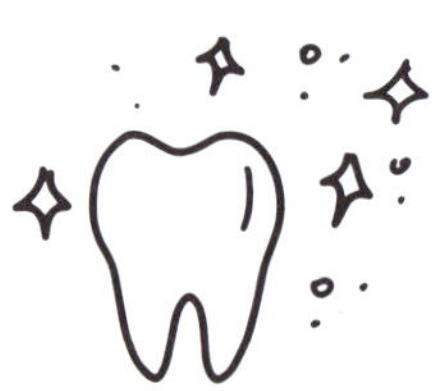

29/07/2022

LES VACANCES EN VAN – SAISON 3

Je l'ai déjà dit mais les voyages en van, les premiers jours, c'est quand même un sacré bordel. Après on s'habitue. Je ne sais pas à quoi mais on s'habitue. Peut-être au bordel.

Ce qui est sûr c'est qu'au bout d'un jour ou deux, tout est plus simple.

Relativement. Plus simple.

Ça fait longtemps que j'ai compris que la liberté avait un prix, et que s'il y a bien un truc qui se rapproche de la liberté pendant les vacances, c'est un van.

Alors tant pis pour les douches et tant pis pour le confort, tant pis pour le repos et tant pis pour les habits qui rendent bien sur les photos, tant pis pour tout un tas de trucs qui sont bien pratiques et que l'on sera contents de retrouver.

En attendant, on roule. On roule d'un point à un autre, celui au bord d'une rivière, celui au sommet d'une montagne, celui à côté de celui que l'on pensait viser.

On roule au milieu des cris, des rires, des pleurs et des joies. On roule en se demandant si on va trouver un lieu magique ou une bonne grosse loose des familles. On roule avec des enfants sales et fatiguées, des enfants qui ont du chocolat qui coule dans les veines et des pâtes encore collées sur le coin d'une joue.

On roule sur ce temps interminable des vacances en famille, qui bientôt pourtant, sera une photo sur la page d'un album que l'on tournera avec des doigts plissés et une ride au bord du cœur.

LES RÉUNIONS SCOLAIRES

Hier j'ai assisté à ma première réunion scolaire. J'étais assise sur mon petit tabouret jaune et j'ai pensé à ma mère, qui elle aussi s'asseyait sur une chaise trop petite les soirs de réunion à l'école. Je me rappelle l'observer depuis la cour et être fascinée de la voir là, dans mon monde, à ma place. Jamais il ne me serait venu à l'idée qu'un jour, ce serait moi à la sienne.

J'écoutais les parents poser plein de questions. Chaque fois je pensais: «Tiens, je n'ai jamais pensé à un truc pareil» et j'essayais de me creuser la tête pour trouver une question que je n'oserais de toute façon pas poser. Mais je n'en avais pas.

Je n'en avais pas parce que j'ai confiance en l'école autant que je crois en ses limites. J'ai compris depuis des années que l'intelligence c'est bien mais qu'à elle seule, elle ne mène à rien. On ne fait rien avec une simple dose d'intelligence. Un intelligent feignant? Rien. Un intelligent pas créatif? Rien. Un intelligent malheureux? Rien.

Petite, j'étais pétrifiée par le redoublement. Aujourd'hui, je n'en ai plus peur tout comme je ne crains plus les mauvaises notes. J'ai la chance de ne plus croire au moule d'un système.

J'ai aimé l'école pourtant. Je fais partie de ces gens qui ont adoré ça. Mais je ne crois plus aux beaux diplômes et aux chemins tout tracés. Je ne crois plus en l'importance de tel cursus pour intégrer telles entreprises car je sais ce qui se trouve derrière leurs murs. Et je n'ai plus aucune admiration pour l'apparence.

Quel poids en moins vraiment, par rapport à ma mère assise sur son petit tabouret.

Quel poids en moins pour moi, quand j'aurai à affronter un professeur qui me dira d'un air désolé que ma fille devrait plutôt choisir une filière technologique.

La plupart des choses que j'ai réussies dans ma vie, je n'en avais pas le niveau. Pas l'intelligence. Pas le bagage. Pas le talent.

J'avais juste mon envie et ma persévérance.

Il y a des choses qui étaient mieux avant, comme le nombre d'oiseaux dans le ciel et la possibilité d'être parfois injoignable. Mais en réalité, il n'y en a pas tant que ça.

Surtout, je sais aujourd'hui que les chaises à l'école sont trop petites pour l'adulte que nous rêvons de devenir.

27/09/2022

TROIS ENFANTS

J'ai toujours voulu trois enfants.

Même quand c'était le feu autour de moi, l'hiver à l'intérieur et que mon quotidien ressemblait à une grande partie de «Tu préfères».

Tu préfères manger, te doucher, boire un thé chaud ou te ronger la moitié d'un ongle le front collé contre la vitre en écoutant du Serge Lama ?

J'ai toujours voulu trois enfants même quand je me demandais pourquoi j'en avais fait un et même, avant d'en vouloir un.

C'est comme ça, c'est quelque chose que je n'explique pas.

Jamais une nuit blanche, une colère noire ou un relais 4 x 100 mètres de la maladie ne m'a fait changer d'avis.

Je voulais trois enfants, comme je voulais faire du basket à 8 ans, vivre à l'étranger à 19, louper des partiels pour rejoindre une copine en Birmanie à 22 et démissionner à 25. Moi, la fille qui doute de tout, je suis parfois pétrie de certitudes.

L'autre jour, je racontais que pour la quatrième année consécutive nous étions partis en vacances en van. Quand j'ai dit que c'était fatigant et difficile avec de jeunes enfants (5 ans et 2,5 ans + enceinte), on m'a répondu que ça ne devait pas être si difficile, puisque cela faisait quatre ans que nous le faisions.

La phrase a tourné longtemps dans ma tête.

Ma journée passait mais la phrase, elle, continuait de rebondir contre les parois de mon cerveau: cette phrase, plus j'y pensais, plus je la trouvais défaillante.

Car ce ne sont pas parce que les choses sont difficiles qu'on ne doit pas les faire. Ce qui compte, c'est ce que l'on récolte.

J'ai toujours voulu trois enfants. Pas parce que c'est difficile. Parce que c'est génial.

MIXTE
Papier issu de sources responsables
FSC® C007507
www.fsc.org

Dépôt légal : février 2023

Imprimé en Espagne par GraphyCems